世界文化未解之谜

本书编写组◎编

SHIJIE WENHUA
WEIJIE ZHIMI

世界图书出版公司
广州·北京·上海·西安

图书在版编目（CIP）数据

世界文化未解之谜／《世界文化未解之谜》编写组
编 . — 广州：广东世界图书出版公司，2010.4（2024.2 重印）
ISBN 978－7－5100－1969－2

Ⅰ．①世… Ⅱ．①世… Ⅲ．①文化史－世界－青少年
读物 Ⅳ．①K10－49

中国版本图书馆 CIP 数据核字（2010）第 050015 号

书　　　名	世界文化未解之谜
	SHIJIE WENHUA WEIJIE ZHIMI
编　　　者	《世界文化未解之谜》编写组
责任编辑	康琬娟
装帧设计	三棵树设计工作组
出版发行	世界图书出版有限公司　世界图书出版广东有限公司
地　　　址	广州市海珠区新港西路大江冲 25 号
邮　　　编	510300
电　　　话	020-84452179
网　　　址	http://www.gdst.com.cn
邮　　　箱	wpc_gdst@163.com
经　　　销	新华书店
印　　　刷	唐山富达印务有限公司
开　　　本	787mm×1092mm　1/16
印　　　张	10
字　　　数	120 千字
版　　　次	2010 年 4 月第 1 版　2024 年 2 月第 10 次印刷
国际书号	ISBN　978-7-5100-1969-2
定　　　价	48.00 元

前　言
QIAN YAN

　　人类的已知是有限的，而未知是无限的。

　　已知的是解开的秘密，未知的是未解的、待解的秘密。世界历史就是一部未解的、待解的秘密史。

　　世界历史漫长而耐人寻味，在其进程中，还存在着众多扑朔迷离、悬而未决的问题，诸如埃及金字塔的建造之谜，威廉二世的死因迷雾，亚历山大的神秘消失，希特勒遗宝何处，牛顿晚年精神失常的原因，"海狮计划"缘何夭折，白蚁建筑天赋从何而来，耶稣其人其事的重重玄机，还有飞碟的神秘现身和神龙见首不见尾的逸去，这些历史疑案极富传奇与神秘色彩，它们所散发的神秘魅力，像磁石般吸引着人们好奇的目光，并刺激着人们探究其真相的强烈兴趣。在对这些历史未解之谜的探索和解析中，人们不仅仅开阔了视野，增长了知识，还获得了精神愉悦。

　　本书针对各个历史谜题，参考大量历史文献、考古资料，并吸收最新的科研成果，通过严肃而科学的分析论证，去伪存真，作出结论。为适应广大青少年阅读，本书在写作风格上，力求通俗易懂，语言生动，将历史疑点与谜团用深入浅出的语言叙述出来，注重其中的知识性和可读性。同时，通过简洁明朗的版式设计把百余幅精美图片和文字表述有机地结合起来。在内容上，本书涵盖了历史领域中政治、军事、人物、科技、宗教、文化等方面。时间上贯穿古今。可以说，本书是一本集知识性、趣味性、愉悦性为一身的人类历史悬疑百科书，在严肃而充满趣味的探索中，再现了历史的丰富和变幻，读者定会从中获得思考与发现的乐趣。

本书表述的虽然是未解的历史，但在大量史料和实物证据的前提下，对这些未解之谜予以了前瞻性的解读和推断。

目 录
CONTENTS

文化古迹篇

文化谜题

文字典籍篇
WEN ZI DIAN JI PIAN

人类最早的文字到底是什么样的?

　　文字是人类历史上划时代的重大发明,它对人类社会的发展和进步起了无法估量的作用。纵观整个世界文明史,曾经出现过很多种不同的文字,有的历经演进,沿用至今;有的早已废弃不用,成了所谓的"死文字";还有一些民族一直没有创造出自己的文字。在这形形色色的文字中,究竟哪一种是人类最早的文字呢?这恐怕是一个没有确切答案然而又是一个饶有兴味的问题。

　　以往学术界一般认为,古埃及的象形文字是人类最早的文字。19世纪法国学者商博良释读古埃及文字成功以后,上述说法十分流行。埃及的象形文字5500年以前就出现了,它有700多个文字符号留下来了,分为表意符号与表音符号两大类。不过除埃及外,其他很多文明古国和地区早期都有过象形文字,如中国、美索不达米亚、印度哈拉帕遗址、希腊克里特岛乃至美洲的玛雅遗迹都发现了刻有象形文字的遗物。《中国大百科全书·考古学》卷认为,公元前3500年左右的美索不达米亚乌鲁克文化遗址出土的象形文字才是世界上最古老的文字,现在共发现了2000多个,大多写在泥版上。但是这种象形文字还未释读成功,因此不知其意,只知道闻名于世的楔形文字是由这种象形文字发展演变而来的。此外,克里特岛、哈拉帕及玛雅的象形文字都没有释读出来。

　　我国的象形文字多见于古籍的记载,今天能直接见到的不是很多,在殷墟甲骨文特别是商周金文中夹杂保留下来了一部分,共约有五六百个字,几乎都不可识读。我国著名古文字学家唐兰认为,它们都是夏代以前流传下来的象形文字,商周时的人是认得的。如果此说成立,我国的象形文字也有5000多年的历史了,并不比西亚和埃及的晚。然而,我国另一古文字学者沈兼士认为这不是真正的文字,而是夹杂其中的"文字画"。他说:"文字画固可以认为《说文》中象形指事字之祖先,而不得目为有音之文字。"又说:"文字画为摹写事物图像,而非代表语言符号。"当代有学者考证这些图形符号不是文字,而是殷周诸族的族徽,是一些没有固定读音的标记。他们以能否表音即能否记录语言作为文字之最终标准,固然是有道理的,可是凭什么就能断定这些几千年前的符号不能像埃及象形文字一样有读音呢?

象形文字是极古老的文字,在它之前还有没有更古老的人类文字呢?应该说不能排除这种可能性。因为如埃及的象形文字这样的文字已相当成熟,很可能它不是最原始的文字,先前还经过了一个演变发展期。古王国时代的埃及人已不知道他们的祖先是如何创造文字的,因此归功于神的帮助。相比之下,我国的古代哲人要高出一筹。《荀子·解蔽》在谈到远古"仓颉造字"的传说时说:"好书者众矣,而仓颉独传者一也。"到现代,人们大都相信文字是由原始记事逐渐演化形成的。

这种观点在我国先秦时代的典籍中就可见到。《易系辞》下篇云:"上古结绳而治,后世圣人易之以书契。"确切说明了我国文字与原始的结绳记事的渊源。在当代云南某些少数民族中,还可以见到结绳等用实物记事的方式。记事的范围涉及社会生活的方方面面,如历算、数量、账目、契约等,甚至还可用来表达某种情感。可见,原始记事方式已初步具备了文字的某些功能,但显然还不是文字。从这类记事方式到象形文字之间,还有一系列过渡形式。

20世纪20年代以来,学术界出现了一种新观点,提出新石器时期陶器上的某些刻画符号是上述过渡形式之一种,很可能就是世界上最早的文字。这类陶器在我国发现甚多,仰韶文化、大汶口文化、龙山文化等许多遗址都有出土。这些陶器上的几何刻纹与装饰花纹明显不同,它们都是单个的独立符号,并有类似笔画的结构,连起来不成图案,倒像短的语句。瑞典考古学家安特生在1925年出版的《甘肃考古记》中就提出了公元前1000多年的辛店文化陶刻符号是文字的假说,后来得到我国学者进一步论证。20世纪70年代以来,这种说法更为流行。在大汶口文化的两处不同遗址中,竟出土了刻有同样4种图形的陶缸,这表明它们在当时相当大的地域范围内是通用的。唐兰考释陶缸上的石斧是"戉"字,木锄是

"斤"字。

最早的陶刻几何符号要数属于仰韶文化的西安半坡出土的，共有22种。很多学者认为这是目前发现最早的中国文字。有人还把这些符号同彝族文字进行比较后确认了上述结论。按照这种说法，中国汉字至少也有6500余年的历史了，堪称世界最早的文字。

但是相当部分学者不同意这种说法，他们认为这些符号只是某种标记，如标明属谁所有等，而不是能表音的文字。他们当中有人认为只有商代早期江西吴城文化与河北台西文化遗址出土的陶器刻画符号才是最初的文字，因为它们与殷墟甲骨文有很多类似处。然而另外一些学者证明，吴城和台西的陶刻与大汶口及青铜时代早期的二里头、二里岗陶刻一脉相承，与后来的甲骨文属同一系统，何况在殷墟也出土了刻有文字的陶器。据此，我们可以看出，从半坡经大汶口、龙山、再经二里头、二里岗直到吴城、台西，各个时期的陶刻不正是呈现出中国早期文字的发生演化历程吗？当然，目前这一切还只是假说。

从原始记事方式到文字的产生是一个漫长的历史过程，其间先后经历了实物记事、陶刻符号、象形文字、确切的表音文字等多种形式。如前所述，除了实物记事以外，其他任何一种形式都可能是人类最早的文字。不过直到今天，我们还无法确认到底哪一种形式可享受人类最早文字的殊荣。

拉丁字母表是如何产生的？

世界史学家承认我国古代科学技术上的三大发明，即火药、指南针和印刷术传入欧洲后，为地理大发现和其后的产业革命，提供了重要的不可缺少的条件，促进了历史的演变。像我国的三大发明一样，拉丁字母表是罗马文明对世界文化的一大贡献。由于拉丁字母表的产生，罗马人不仅把拉丁语和拉丁文化普及到当时多民族的意大利全境，而且加速了此后罗马帝国境内各民族的罗马化进程。进入中世纪以后，拉丁字母表不仅被罗曼语族各国的语言（意大利语、西班牙语、法语和罗马尼亚语）以及日耳曼语族的某些语言（英语、德语等）所承袭。而且也为斯拉夫语族的天主教各国（波兰、捷克、克罗地亚等）所利用。由于拉丁字母表比其他语言文字的字母表具有更多的优点。我国现行的拼音文字便借用了拉丁字母。此外，医学和生物学的科学术语大都用拉丁字母表示。

然而，拉丁文不是古代最早的文字，拉丁字母表亦不是世界上最早的字母表。拉丁字母表的诞生离不开东方文化的哺育。

众所周知，世界上有6种最古老

的文字，即：西亚的楔形文字、埃及的象形文字、克里特线形文字、印度的哈拉巴文字、中国的甲骨文和中美、墨西哥的玛雅文字。但这些文字不是字母文字。字母文字的出现较晚。按古希腊人和罗马人的看法，有5个民族可能是字母表的创制者，即：腓尼基人、埃及人、亚述人、克里特人和希伯来人。所以说。最早的文字和字母表，绝大多数产生在东方。在古代，各大文明地区之间尽管比较闭塞，但也绝对不是"东方是东方，西方是西方，彼此从来无来往。"拉丁字母表的产生就是证明。

最早的字母系统见于叙利亚海岸的古代乌加里特。这个乌加里特字母表定年为公元前1400年左右，用的是30个楔形符号。最早的线形字母表是腓尼基字母表。这种字母始见于比布罗斯的阿希拉姆国王的石棺上面。该字母定年虽有不同说法（公元前13世纪，或前11世纪，或前10世纪，或约前975年）。但一般学者倾向约公元前975年。以此推知，约公元前1200年，22个字母的腓尼基字母表似乎已经产生了。

至公元前9世纪中期，希腊人从居住在希腊各地的希腊商人那里学会了腓尼基字母。在克诺索斯的一个克里特几何形墓中发现了公元前900年的腓尼基铭文。这证明，那时的腓尼基人与爱琴地区的希腊人已有文化交往。希腊字母表来自腓尼基字母表，

而希腊字母本身又分为东部和西部两个变体，其中东部变体的爱奥尼亚字母通行于希腊、小亚细亚及临近岛屿。雅典用的是爱奥尼亚字母。至公元前4世纪中期，爱奥尼亚字母取代其他字母，成为24个字母的古典希腊字母表。

关于拉丁字母表的产生历来众说纷纭。莫衷一是，但归纳起来。不外两种见解。

一种见解认为，希腊字母诸分支中有两个最大的分支：一是西里尔字母。9世纪时圣西里尔（约826～869年）和圣美多迪乌（约815～885年）根据安色尔体希腊文所创制；另一个是埃特鲁斯坎字母，产生于公元前9世纪或前8世纪初，通用于意大利中部的托斯卡纳人中，传留有许多铭文，但大都未被释读。西里尔字母后变为操俄语、乌克兰语、保加利亚语和白俄罗斯语等诸民族的文字。同时，埃特鲁斯坎字母表则发展成拉丁字母表。起初，罗马人从26个字母的埃特鲁斯坎字母表中借用了21个字母。公元前1世纪，随着罗马对希腊的征服，Y、Z两个字母被吸收进拉丁字母表。J、V两个字母是中世纪时代发明的，那以前，书写时用I、U代替之。最后，从罗曼语中增加W，这样便形成了26个字母的拉丁字母表。按照这种说法，古典的拉丁字母表当直接来自埃特鲁斯坎字母表。其受希腊字母表的影响则是间接的。

另一种意见认为，最初的拉丁字母表有 20 个字母（ABCDEFHIKL. MNOPQRSTVX），直接来自坎帕尼亚的库迈城的希腊字母表。该城是希腊优卑亚岛卡尔奇斯城的殖民地。拉丁字母表之所以有此种起源说，是因为某些拉丁字母的古老形式与库迈字母表的相对应的字母形式非常相似。

鉴于上述分歧和当今证据的匮乏，拉丁字母表产生的两种可能性均不能排除。要想最终确定，需要更直接的证据。

印加人有自己的文字吗？

印加人究竟有没有文字？这是史学界长期以来争论不休的一个问题。

公元 1200 年左右，自诩为太阳子孙的印加部落以库斯科盆地为中心，相继征服了邻近部落和氏族，在高原上建立了强大的印加国。到 15 世纪，印加国的疆域已包括今天秘鲁、厄瓜多尔、玻利维亚全部，智利的大部，哥伦比亚南部和阿根廷北部，人口达 600 万。全国有统一的语言——克丘亚语。随着社会生产力发展，印加社会逐渐产生阶级分化。处于社会塔尖的是印加王，以太阳神化身自诩，拥有至高无上的权力和财富。王位世袭，实行长子继承制。宗教祭司和世俗贵族是统治阶级主要组成部分，他们不从事生产劳动，但享有种种特权。村社农民、战俘、贵族家仆、王室工匠等处在社会最底层。整个国家土地分为 3 部分："印加田"、"太阳田"、"村社田"。分别归王室、祭司和村社所有。印加农民必须无偿地耕种"印加田"和"太阳"田"，同时还强制性地被征去服各种劳役。可见印加王国已确立起奴隶制统治。

在印加社会手工业和农业的分工已日渐明显，农业发展水平较高，栽培的农作物多达 40 多种，仅玉米就有好几十个品种。为防止水土流失，印加人还在山坡上用石块垒起层层地堰，开辟出平整的梯田，至今在秘鲁安第斯山区的一些山坡上仍保留着印加时代遗留下来的用巨石砌成的梯田。手工业艺术更是精美无比。印加人用棉花或羊驼毛在织布机上织布，并能编织出各种式样的色泽鲜艳的动植物图案和几何图形。陶制器具造型生动，富有表现力，印加人劳动、祭典、打仗、生活等场景均在器皿上神采飞扬地再现出来。印加人还擅长金属工艺，能开采和冶炼铜、锡、金、银等矿石，掌握了青铜合金的冶炼技术，用含锡量不同的青铜合金，熔铸成斧、镰、刀、狼牙棒头和外科手术刀等。他们的巧夺天工的金属工艺甚至到了能以假乱真的地步，据说 1533 年西班牙殖民主义者打进库斯科的印加王御花园时，竟把点缀园景的金花、银花误以为鲜花，当用手去摘取时才发现是人工雕镂的。

既然印加文化如此丰富，如此瑰丽，而且已进入有阶级的社会，那么它到底有没有自己的文字呢？有些专家坚持认为，印加人有自己的文字。那么这些文字又是怎样的呢？各派说法不一。有的说印加人画在布板或其他织物上的一幅图画就是他们的秘密文字。据最早入侵印加王国的西班牙人叙述，在库斯科太阳神庙附近有一幢叫做"普金坎查"的房屋，屋内珍藏着不少画在粗布上的画，且都装在金框中，除印加王和专职的保管员外其他人都不得靠近这些画。西班牙总督托莱多说他亲眼看到过那些布画，上面画着各种人像和奇异符号。后来西班牙殖民者抢走了用黄金制作的镜框，焚毁了全部图画，从而这些"秘密文字"也就此化作灰烬了。有的认为目前发现的画在古板上组成堡垒形状的一排排四边形是印加人的文字。还有的专家认为，印加陶器上那些类似豆子的符号是他们的文字，只是尚未破译出来而已。1980年5月英国工程师威廉·伯恩斯·格林经过整整7年考察，写了题为《介绍印加人的秘密文字代号》一文，提出如下观点，即印加文字由16个辅音和5个元音组成，这种秘密文字是美洲最早的象形文字和表意文字之一。然而这些观点并不为史学界、考古学界专家与学者所接受。

大多数人认为，印加人没有自己的文字，而且至今为止确实也没有找到确凿证据证明印加人有过文字。参加过征服印加王国的西班牙编年史学家佩德罗·西埃萨说，印加人当时用十进位的结绳记事法来记账、统计人口、记载军事和历史传说。后来大量的考古发现也证实了这一点。印加人用结绳记事的方法来储存和传递信息，如果一定要说文字，那么"结绳文字"就是印加人的文字。这种结绳记事被印加人称为"基普"。记事的绳目前已发现不少，最长的一条有250米，是1981年1月9日在秘鲁利马少拉帕斯村发掘出来的。记事绳一般用羊驼毛或骆马毛编结而成，主绳两侧系着成排、形状如麦穗的细绳，多的达上百条，细绳上涂着各种颜色，或再拴上更细的绳子。不同颜色表示不同的事物，红色为士兵。黑色为时日，黄、白、褐色分别代表金、银、马铃薯。细绳上打上各种不同的结，结的形状和位置表示具体的数字，离主绳最远的结是个位，然后是十位、百位、千位，万是印加人知道的最大的数，代表它的结也最靠近主绳。印加人就是这样借助绳的颜色、结的形状与位置及大小来记载当时所发生的各种重要事件和自然现象。印加王通过原始邮政系统传递记事绳。以此了解各地的收成、治安等情况。在印加王国有专门掌管和运用"基普"的官员，官名为"基普卡马约"，一般均为贵族和贵族子弟。他们经常陪同印加王使臣去各地巡游，负责监督税收和人口统计，实际为王室的会计兼秘书。他们依据记事绳向国王汇报情况。在印加王国为贵族子弟设立的学校里，教师还专门传授结绳记事的知识和方法。

印加人究竟有没有自己的文字？至今没有一个定论。印加王国是西班牙殖民主义者入侵前美洲最主要的文化中心，在印加文化中占重要地位的巍峨雄壮的巨石建筑群和纵贯南美洲的石砌大道，令当今建筑师都赞叹不已，然而这一切都是在没有文字的情况下完成的，这又实在令人难以置信。

突厥文起源之谜

突厥是古族名。广义包括铁勒（亦称"高车"）各部落，狭义专指突厥。公元5世纪以前是一个游牧于准噶尔盆地以北（约今叶尼塞河上游一带），以狼为图腾的部落。后迁高昌（今新疆吐鲁番）的北山（今博格多山），学会锻冶技术。5世纪中叶柔然征服高昌，被迫迁居金山（今阿尔泰山），俗称"突厥"。西魏大统十二年（546年），首领土门率部众击败铁勒诸部，收其众五万余户。废帝元年（552年）春，土门发兵大败柔然，以漠北为中心，建突厥汗国，自称伊利可汗。553年初，土门死，其子科罗立，不久又死，其弟燕都立，号木杆可汗。燕都在位（553～572）时，国势强盛。击灭柔然，两破嚈哒，东走契丹及奚，北部契骨，威服塞井诸侯。其时辖境东自辽海（指今辽河上游濒海一带）以西，西至西海（今里海），南至沙漠以北，北至北海（今贝加尔湖）五六千里。可汗牙帐（汗庭）设在于都今山（今鄂尔浑河上游杭爱山之北山）。畜牧业发达，锻冶手工业很盛，有文字、官制、刑法、税法等。隋开皇二年（582年）波罗可汗与达头可汗互争雄长，向隋求婚纳贡称臣，并迁于漠北。隋末强盛。围炀帝于雁门。唐贞观四年（630年）颉利可汗扰唐，为唐所伏（俘），东突厥亡。永淳元年（682年）首领骨吐禄复兴，史称后突厥，历数世，曾与唐互市，天宝四年（745年）回纥首领骨力裴罗，率领部从，攻杀白眉可汗，后突厥亡。西突厥辖境领有今新疆和中亚地区，处于中西交通要道上。显庆四年（659年）为唐所灭。

关于突厥文起源问题一直是个谜。西方及俄罗斯乃至我国学者多认为：突厥文40个字母中，有23个来源于阿拉米文，其余来自突厥人使用的氏族或部族标志及一些表意符号。也有学者认为：突厥文来源于阿拉伯草体字母，但突厥人在传入后把它改造。还有学者认为：突厥文是由符号化的动物形象逐渐演化而成；第四种则认为突厥文源于我国刻画符号和古彝文。

第一种观点认为：阿拉米文的最古文本属于公元前9～前8世纪，是亚述、新巴比伦王国、波斯等国家文字体系之一。在公元前4世纪，马其顿亚历山大大帝征服叙利亚、美索不达米亚之后，阿拉米文被希腊文所排挤。公元前1世纪。阿拉米文因希腊化王国削弱而重新成为西亚的主要文字体系。公元7世纪，阿拉伯人征服西亚，阿拉米文被阿拉伯文排挤出去了。阿拉米文流行时间长，影响地域广；波斯王国与突厥汗国同时存在，很可能都是突厥文可能借之的因素。

第二种观点认为：阿拉伯文字是一种拼音文字，有28个字母。阿拉伯文的最早文献是公元512年的希腊文、西叙利亚文、阿拉伯文三种文字的碑铭。它比突厥文略早，可能突厥文来源于阿拉伯文草体。

第三种观点认为：突厥文有符号，可能是由符号化的动物形象逐渐演化而成的。

第四种观点认为：突厥文源于我国刻画符号和古彝文。持此说者认为，突厥文的产生只能是根据西北民间流传了6000～7000年的刻画符号来创造的。特别是距今2000多年前的商周流传在黄河中上游地区的刻画符号，即"鬼方"字，亦即尚未南下川、滇、黔的古彝文，对突厥文的创制有直接的决定性影响。大量突厥文字只有在刻画符号和古彝文中找到对

应的字符，而在阿拉米文中却找不到。相反，阿拉米文字母全部可以在刻画符号、古彝文、先秦货币文、汉甲骨文中找到完全对应或基本对应的字符。而且这些字符在我国长期流传使用达6000多年之久，不仅表明它们早于阿拉米文字母，而且也表明阿拉米文字母可能是通过远古的"草原之路"或"丝绸之路"的传播而来源于中国刻画符号或古彝文的。同时，突厥文的文字学性质也决定了它只能是源于中国刻画符号或古彝文，不可能借用阿拉米文或阿拉伯文草体。因为阿拉米文是音素文字，阿拉伯文是音经文字，突厥文却是音素——音节混合型文字或纯粹音节文字。音素文字与音经文字都是音节文字发展后的产物。突厥文在没有脱离音节文字阶段之前，是不会去借用先进的音素文字阿拉米文或音经文字阿拉伯文的，只有寻找能为他们理解和适应的音节文字作为制造本民族文字的蓝本，才能为他们所接受。而当时，汉文字早已进入词素文字阶段，他们既难以理解，也无法适应，是不愿借用的。但在突厥民族民间早已流传（马印、巫术、神符均为流传形式）几千年的刻画符号和古彝文，却一直是音节文字，既容易理解其结构，又容易适应其形式，所以就自然而然地采用它们作为创制本民族文字的蓝本了。

虽然第四种观点言之有理，占据上风，但不为其他持不同观点的人认

同，争论之战人在继续。

日本文字是不是从中国传入的？

一提起日语，人们自然会联想到它使用着大量的汉字，若再作进一步了解，就会发现日本人最早只有自己的语言，而无自己的文字。古代的日本人曾一度完全借助于汉字来表述自己的语言。由此人们得出一个简单的结论，日语作为一种文字源出于中国的汉字，对此几乎是无人质疑的。但汉字何时传入日本，日本人又何时学会使用文字？长期以来却始终是个疑案。

一般日本人只晓得他们的祖先在公元 3 世纪时还不知道使用文字。但学者们对这个问题则有更具体的推测。一说认为日本的文字最初应是由百济传入的，时间当在公元 4 世纪下半叶，他们的论据是，大和朝廷是在公元 4 世纪初征服邪马台国，统治北九州，与百济的交通最早也应始于公元 4 世纪下半叶，故日本使用文字应在这之后。但据中国晋朝陈寿撰的《魏志·韩传》记载，公元 3 世纪时，位于朝鲜半岛东南部的辰韩已使用文字，于是就有学者提出辰韩先于百济将文字传入日本。这样一来日本人使用文字就有可能是在公元 3 世纪左右。另一说认为，日本人使用文字最

迟不晚于公元一世纪下半叶，而且日本人并非得通过朝鲜才能接触到汉字。公元一世纪末的中国古籍《汉书·地理志》就曾记载过"乐浪海中有倭人，分为百余国，岁时以献来见"。也就是说，早在公元一世纪末之前，日本就有人到过中国，由此可以想象当时访问中国京城的倭人一定会接触到包括汉字在内的中国灿烂文化。对此《后汉书·倭传》也作了明白无误的记载，书曰："建武中元二年（公元 57 年）倭奴国奉贡朝贺，使人自称大夫"。这则史料表明，倭奴国使节不仅会使用汉语，而且对当时中国的君臣礼节甚是通晓。因此就有学者根据这两则史料推断在公元一世纪中叶或者最迟不晚于一世纪下半叶日本就已使用文字了。

但有人不同意这种说法，认为这是后人对史料的误解或推测。中国古籍明确记载日本人使用文字的是《魏志·倭人传》，该书正始元年条载曰："倭王因使上表答谢恩诏"。当然也有人持有异议，认为倭王的这篇上表出自中国使臣之手，而非倭人所作。但当时的情况是倭国使节难升米和副使都市牛利自景初二年（238 年）六月至正始元年（240 年）已在中国逗留了将近两年的时间，他们在逗留中国期间，除了执行例行公务之外，还广泛地接触了中国社会的各个方面，因此，无论从机会和需要来看，倭国使节已通晓汉语，在他们回国后倭王自

然也无必要请中国使臣代劳上表。若由此推论，公元3世纪中叶至少在九州这个范围内日本人已使用文字，这是第三种说法。

还有第四种说法的，《注释日本纪》主张汉字是在应神天皇（5世纪初）之时传来日本的。该书的所谓依据就是《古事记·应神记》曾记载有个叫和迩吉师的人携带《论语》和《千字文》渡来日本。但这并不意味着是汉字传来之始，而且有种种迹象表明，还在公元4世纪末，中国大陆的先进文化就已通过朝鲜传到日本，其中就包括汉字、儒家思想以及筑沟和养蚕技术等。显然《注释日本纪》的提法是不足为据的。

关于汉字何时传入日本，日本人何时使用文字？现在至少有以上4种说法。看来各说都有证据不足之嫌。而唯一被认为是能说明问题的铭文尚属鲜见，至今发现的最早一例是熊本县玉名郡江田村船山古坟出土的一把刀，上铸有"治天下狻 齿大王世……服此刀者长寿子孙注注得其恩也不失其所统作刀者名伊太加书者张安也"等铭文。有关学者认为铭文中的大王系指反正天皇，故刻此铭文的年代当在公元5世纪上半叶，若以此为据，似又有太晚之弊。尽管如此，因此解开日本文字的疑案还有待地下文物的进一步发掘和整理。

《圣经》是一人所作还是集体智慧？

犹太教或基督教神学家，尤其是传教士、牧师都说《圣经》是神圣的书，不是上帝亲自编写的，就是上帝在西乃山上向摩西口授、委托摩西编写的。当然这只是反映了他们的信仰。而其他的人对此却提出了质疑。19世纪的自由思想家们，把史料考据方法应用于分析和批判《圣经》及有关资料，创立了《圣经》考据一学和实证宗教学，使人们得以用科学的态度和方法分析研究基督教的经典文献——《圣经》，从而为拨开笼罩《圣经》的迷雾作出了可贵的探索。现在有人已证明《圣经》并非上帝或摩西所作，而是后人的作品。但究竟又是何人所作呢？

《旧约》学家、圣迭戈的加利福尼亚大学教授理查德·埃利奥特·弗里德曼所作《〈圣经〉系何人所著》指出，《圣经》是真实和杜撰的混合物，他研究了《旧约全书》头5篇，认为它们是由4名作者于公元前922年～前622年（摩西死后几百年）间陆续写成的，并由1名编辑将4个人的著作编辑在一起。

弗里德曼发现，几篇前后用词有别，章节互相矛盾，重复性多。他通过对用语的分析和用考古学的方式去取得证据，坚信有两名作者大约生活在同一个时期，一位住在约旦王国，另一位住在以色列。住在以色列的用希伯来语称神为 Elohim，称 "E 作者"；而约旦的则称神为 Yahweh（耶和华），或 Tehavah，其著作一般称之为 "J 神会录"。

第三位作者为 "P"，并一致认为他肯定是个传教士，住在耶路撒冷，是摩西之兄亚伦的后裔。头五篇不仅美化了亚伦的作用，同时也美化了教士团的作用，笔下的上帝是严肃的、超越宇宙的。

第四个作者——基督教《圣经·旧约全书》中《申命记》的作者。不是先知耶利未，便是他的秘书巴鲁。理由是《申命记》里使用不同词汇的现象非常突出。那种语会仅仅出现在另一本著作——《耶利未书》里。此外，《申命记》持有与耶利未同样的观点。

关于编辑，弗里德曼认为由 Ezra（任秘书之职的亚伦派教士）于大约公元前 450 年用剪刀加糨糊的办法编辑成集。

学者对弗里德曼的看法争论最大。许多人认为，《申命记》的作者是一群人的可能性较大。布兰迪斯大学《圣经》课荣誉教授萨尔纳认为，两本书的语言之所以有相似之处，表明了《耶利未书》很可能受到了《申命记》的影响，而不能说明《申命记》是由耶利未一人所写。

学术界主流圈子以外的人士断然不同意以上观点，尤其是福音派基督教徒和正统的犹太教徒，他们对由多人参与写作《圣经》这一观点提出了尖锐的批评，认为那是与他们一贯相信的《圣经》头五篇是由摩西所写的观点背道而驰的。三一福音学院教授迪尔菲尔德将弗里德曼分析斥之为 "一团乱麻"，认为《圣经》里的记载是紧密结合在一起的，无法将其删改，《圣经》故事虽有重复，但并不表明是由多人所写，"用不同的说法不断重复" 故事，只不过是为了得出同一个结论。

纽约叶什瓦大学的罗森鲍姆说，《圣经》里出现矛盾是 "上帝" 为了强调其重要性而故意如此安排的。对上帝的不同称呼表示不同的职务——一个叫权威的上帝，另一个叫慈悲的上帝。

但多数犹太教徒和基督教徒对《圣经》头五篇由多人所写的观点并未提出异议。在作为人类文献的《圣经》里有很多人出于信仰而署名是有可能的。此外，他们还一致认为，全体信徒都感到了上帝——"上帝与大家同在"。哈佛大学的保罗·汉森这样说。

对许多虔诚的宗教徒来说，作者何人并不重要，重要的是它所包含的内容。不管作者是谁，总之《圣经》是被宗教界所接受的范本。

显然，《圣经》无疑并非为上帝

所作。但究竟系何人所作、是由集体创作完成或是由个人撰写而成的呢？这仍是一个未彻底揭开的谜，还有待进一步证实和论证。

《古兰经》为什么与 19 有不解之缘？

《古兰经》是伊斯兰教的经典，也是历史上阿拉伯人的第一部书籍。《古兰经》又译《可兰经》。《古兰》是阿拉伯字的音译，意为"诵读"或"读本"，是穆罕默德在 23 年（公元 610～632 年）传教过程中作为"安拉"的"启示"陆续颁布的经文，为伊斯兰教最高经典和最根本的立法依据。内容主要包括：（1）伊斯兰教的信仰和制度；（2）对当时社会问题的各项主张和伦理规范；（3）关于《古兰经》本身的一些说法以及穆罕默德为传教需要而引述的各种神话、故事、传说等；（4）同多神教徒、犹太教徒和基督教徒进行辩论的记述；（5）关于穆罕默德私人生活和轶事的记述。

穆罕默德在世时，《古兰经》只是零散记录，并未成册。后来经穆罕默德的继任者艾卜·伯克尔令人整理，辑缮保存，到第三代哈里发奥斯曼时期正式形成，并规定为标准本，又称"奥斯曼定本"，流传至今。《古兰经》的原文为古阿拉伯文，计有 30

卷，114 章，6200 余节，现已有多种文字的译本。

《古兰经》在阿拉伯文学史和伊斯兰教文化史上，有着极为重要的地位。长期以来，不知有多少学者以各种方法，从不同角度对它进行了研究。最近，又有人将《古兰经》的原文输入电脑进行分析，结果出现了许多令人注目的数据。其中最为奇妙而有趣的，就是《古兰经》与十九居然有着不解之缘。

《古兰经》全书共有 114 章，而 114 恰是 19 的 6 倍。经书的第一句话由 19 个字母组成。这 19 个字母形成"名——安拉——大仁的——大慈的" 4 个单词，其中："名"在全书共出现 19 次，"安拉"出现 2698 次，"大仁的"出现 57 次，"大慈的"出现 114 次，而这些单词出现的次数，都是 19 的倍数。

第 96 章是最早颁布的《古兰经》经文，而此章按《古兰经》章次编排顺序算，是倒数第 19 章，由 19 节经文组成，共有 285 个字母。这 285 又是 19 的 15 倍。此外第 96 章的第 5 节经文，由 19 个词组成。这 19 个单词，根据《古兰经》奥斯曼原本，则是由 76 个阿拉伯文字母组成，而 76 也是 19 的倍数。

《古兰经》中曾提到很多数字，如"40 天"，"12 道泉水"，"7 重天"，"1000 年"等等，全书总共出现过 285 个类似数字。这 285 是 19 的 15

倍。如果285个数字各所包括含有的数相加，其和为17.4591万，又是19的倍数。

类似上述《古兰经》与19的关系，经电脑分析不胜枚举。这些奇趣现象，是偶合？抑或别有他因？不得而知。世界上已有众多专家，学者对此发生浓厚兴趣并进行深入研究，但到目前为止，这还是个谜。

儒学是何时传入日本的？

中日两国是一衣带水的邻邦，自古以来两国之间便有着频繁的文化交流活动，处于汉文化辐射圈内的古代日本很早便传入了儒学。那么，儒学是什么时候、通过谁、怎样传入日本的呢？在中国现存的浩如烟海的古代中日文化交流史料中对此却没有确切的记载，因此一般认为，对日本何时传入儒学的研究，现在只能借助于日本现存的古代史料。

据成书于公元712年的日本第一部历史和文学著作《古事记》记载："品陀和气命（应神天皇）在轻岛的明宫治理天下……百济王照古王遣阿知吉师献牡马一匹、牝马一匹……天皇又命百济国贡献贤人。于是，百济国又派遣和迩吉师献《论语》十卷《千字文》一卷。"成书于公元720年的日本第一部正史《日本书纪》也载有："（应神天皇）十五年秋八月壬戌

朔丁卯。百济王遣阿直岐贡良马二匹。……阿直岐亦能读经典，即太子菟道稚郎子师焉。于是天皇问阿直岐曰：'如胜汝博士亦有耶？'对曰：'有王仁者是秀也。'……乃征王仁也。十六年春二月，王仁来之，则太子菟道稚郎子师之，习诸典籍于王仁，莫不通达"。一般认为这两则史料记载的是同一件事，即日本应神天皇十六年儒学通过朝鲜半岛的百济传入了日本。

另据《日本书纪》记载，应神天皇死后，本应菟道稚郎子继天皇位，但他却推让于异母兄大鹪鹩。其理由是大鹪鹩仁孝之名远闻天下，且年长于己，故应由其继天皇位。大鹪鹩则以父命难违为由，固辞不就。两人互相推让达3年之久，最后菟道稚郎子自杀以示其辞让之诚。有人认为上述二人的这种做法是在效法《论语·泰伯》所载，中国西周时期泰伯与仲雍出走，辞让君位于幼弟季历的做法，这是儒学传入日本后对日本人思想产生影响的有力佐证。他们据此断定《古事记》和《日本书纪》关于儒学始传日本的记载是基本可信的。

那么，确切地说日本应神天皇十六年相当于公元纪年的哪一年呢？关于这个问题，学者们的观点尚不一致。有人认为是公元285年，也有人认为是公元405年，还有人认为是公元446年。

然而。问题是根据《古事记》和

《日本书纪》的记载。王仁到日本时带去的书中有《千字文》卷。而《千字文》一书为南梁周兴嗣所作，其成书时间当在梁武帝在位年间，即公元502～549年，如果《古事记》和《日本书纪》记载无误的话，王仁到日本的时间当在《千文字》成书后的公元6世纪。而上述几种推测中最晚的公元446年也是在《千字文》成书之前。这不能不令人怀疑上述几种推测是否正确。但是，从日本现存的作于公元5世纪的金文铭文中可明显看出儒学对日本人思想的影响，这又说明早在《千字文》成书之前，最晚在公元5世纪儒学已传入了日本。不过，我们也不能因此便简单地否定前引《古事记》和《日本书纪》的记载的可信性，关于这个问题也许有两种可能。

第一，《古事记》和《日本书纪》的记载有误，即王仁去日本是在公元6世纪以前即《千字文》成书以前，王仁带到日本的书籍中没有《千字文》一书。那么，当我们引证上述两书的有关记载研究儒学始传日本这个问题时，就必须首先对此作出令人信服的考证。

第二，《古事记》和《日本书纪》的记载正确无误。王仁去日本是在公元6世纪即《千字文》成书之后，王仁去日本时带去的书中确有《千字文》一书，有关此事的记载，并非儒学始传日本的记载，这是因为在王仁到日本前，儒学早已随着中日两国的民间交往活动而进入了日本，并对日本人的思想意识和社会生活产生了显著的影响，前引《古事记》和《日本书纪》关于王仁去日本的记载，充其量不过是关于日本官方首次引进儒学的记载。绝非儒学始传日本之史证。那么，传统的那种根据《古事记》和《日本书纪》中的两则史料考证儒学始传日本的研究方法及由此所得出的有关结论显然值得怀疑。

于是，有人提出儒学不是由官方经朝鲜间接传入日本的，而是通过民间交往从中国直接传入日本的，时间是在公元前二三世纪。具体地说，持这种观点的同志认为。徐福东渡首次把儒学经典——《尚书》带到了日本。因为我国北宋著名文学家欧阳修的《日本刀歌》中说："徐福行时书未焚，逸书百篇今尚存。严令不许传中国，举世无人识古文。"诚然，欧阳修的诗作并非信史，且除此之外别无他证，更何况迄今为止。连是否确有徐福其人其事尚无定论，不过大多数学者认为，尽管目前尚不能肯定地说历史上确有徐福，其人其事，但可以肯定地说，相当于传说中徐福生活的年代，日本古代文明发生了一次空前的大飞跃，从以渔猎采集经济为主要特征的绳文文化时代，进入了以农耕生活为主要经济特征的弥生文化时代。其社会进步的主要动力，即是这一时期有大量移民从中国大陆移居日本，带去了先进的汉文化，极有可能这一时期儒学经典便随中国先进的生产技术一起被移民们带到了日本。可见，欧阳修的说法不无道理。当然，这种观点缺乏足够的证据，目前只能算是一种推论。要想解开儒学何时传入日本之谜还有待时日。

《荷马史诗》迷雾

古代希腊的荷马史诗是世界文化的瑰宝，是古希腊人留给后世的一份重要的精神财富和文化遗产。对此，马克思曾给予很高的评价，认为希腊的艺术和史诗"仍然能够给我们以艺术享受，而且就某方面说还是一种规范和高不可及的范本"。

荷马史诗包括两部叙事史诗：《伊利亚特》和《奥德赛》，这两部出色的作品相传为荷马所作，所以后世又统称为《荷马史诗》。但是，有否荷马其人及"荷马的史诗"在西方文学史上却是一个聚讼纷纭、争论不休的疑案。近世以来，论述荷马其人其作的著述，可谓汗牛充栋，展开了一场旷日持久的激烈争论，形成了学术史上众所周知的"荷马问题"。

所谓"荷马问题"，归根结蒂是这两部史诗的作者问题。目前，我们对荷马的生平所知甚少，虽然流传到现在的荷马的传记共有9部，但这些传记充斥虚构，而且相互之间矛盾百

出，时至今日显然已失去它可资参考的文献价值。西方古典作家对这位诗人的时代说法不一，古希腊作家认为，荷马大体与赫西俄德（古希腊诗人）同时，即是公元前8～前7世纪之交的人，但也有人认为应早于赫西俄德，有些人则说他晚于赫西俄德。古罗马史学家塞奥彭帕斯说荷马生于公元前686年，说得如此肯定而又确切，但人们并不知道他的根据是什么，另一个古代传说，称荷马生于公元前1159年，这个说法又似乎太早了一点。以上诸说，不可尽信，也不可完全不信，传统倾向这样一种意见：荷马生活的年代在公元前9～前8世纪，相传为盲诗人，因此才叫他"荷马"（Homeros，在爱奥尼亚土语里就是"盲人"的意思）。

关于荷马的出生地，说法也各异。由于荷马史诗在古代所具有的巨大影响，一个城邦被看做荷马的故乡似乎成了一种荣誉，因此曾有密而纳、希俄斯、科洛丰、皮罗斯、阿尔戈斯、雅典等许多城邦争着要荷马当它们城邦的公民。事实上，在古希腊世界，几乎所有的城邦都声称荷马就生在它们那里，这是由于这些城邦都看到荷马史诗中某些词句、词组乃至个别方言俗语，都是来自它们那个地方的。

在古代，尽管对荷马其人颇多异说，但古典作家并不否认他的存在，也承认荷马是《伊利亚特》和《奥德

赛》两部史诗的作者，著名的古希腊历史学家希罗多德、修昔底德，哲学家柏拉图、亚里士多德等人大体都持有这样的观点，而且他们都毫不例外地受到过荷马史诗的巨大影响，柏拉图在《理想国》中指出，当时希腊人崇敬荷马，认为"荷马教育了希腊"。从中古时代直到18世纪的欧洲，传统一直认为荷马是历史上确实存在过的远古时代的一位伟大的诗人。

到了近代，"荷马问题"骤起。法国僧正多比雅和意大利历史学家维柯率先发难。1725年维柯的《新科学》一书问世，作者在该书第3卷《发现真正的荷马》中，根据这两部史诗本身一些语言学上的证据和他在《诗性智慧》部分所奠定的一些原理，作出了如下的"发现"：此前人们一直置信的荷马并不存在，他不过是希腊各族民间神话故事说唱人的总代表，或是原始诗人的想象性的典型人物，希腊各族人民自己就是荷马；两部史诗之间的间隔相距有数百年之久，所以它们不可能出于一人之手，《伊利亚特》当然先于《奥德赛》，如果前者是荷马少年时的作品，后者则是他晚年的产物，这个"他"只能代表早晚年代不同的整个民族，而绝不是同一个人。这一"发现"，石破天惊，极大地震动了西方学术界。1795年，德国学者沃尔夫在《荷马史诗研究》一书中作出了更详尽的论证，指出史诗从公元前10世纪左右开始形成，经过了几个世纪的口头相传，直至公元前6世纪雅典僭主庇西特拉图当政时，才正式用文字记录下来。他断言两部史诗各分成若干部分。每一部分都曾作为独立的诗篇由歌手们演唱，经过多次的整理加工，史诗才成为我们今天看到的样子，因此，《伊利亚特》和《奥德赛》并非出于同一个诗人的笔下，而是许多歌手的集体创作。后来，他的同胞拉赫曼更明确地阐述了前者的观点。谓两部史诗乃是由口头相传的单篇的民间诗歌作品汇编而成的，如他曾把《伊利亚特》除最后两卷外，分成了16首互相独立的诗篇。这种观点，通常被称为"分解说"，即"小歌说"。

与上说相对立的是"统一说"。"统一说"实质上是古希腊有关荷马传统看法的复活，它以德国学者尼奇为代表，主张荷马其人有历史的真实性，生卒年代应不晚于公元前9世纪；史诗有统一的艺术结构，他批评了"分解说"的一些论点，认为荷马史诗中的矛盾是微不足道的，这类细小的矛盾不足以证明两部史诗是由几个诗人参与创作的。

介于这两者之间的是"基本核心说"，这是一种调和折中的观点。在这派人看来，荷马史诗最初的基础可能是一些短篇，后来以这些短篇为核心，逐渐加以扩大，如德国学者赫尔曼认为，有关阿基里斯的愤怒的文字是《伊利亚特》的基本核心，俄底修斯渡海返乡的漂泊奇遇的故事则是《奥德赛》的基本核心，其余部分都是后来添加上去的。因此，史诗既保持了基本的统一，同时存在不少脱离布局甚至自相矛盾的地方。德国学者基希霍夫、英国史家格罗特等人基本上都持这样的见解：两部史诗既不是一连串各自分开创作的民间诗歌的汇编，也不是出于一位大诗人的手笔，它们经历了很长的历史时期，古老的神话传说与特洛伊战争的英雄故事，是它最原始的素材，在漫长的流传过程中，势必由许多民间诗人对它不断地进行增删、修饰，最后似应由一位大诗人（如荷马）进行加工整理而成，这种综合性的说法已日益为学术界更多的人所接受。

当然，"荷马问题"的疑案并没有就此解决。20世纪以来，学者们对它投入的热情仍有增无减，最有代表性的是美国学者帕里对荷马史诗的研究。他从语言学的角度，仔细研究了这两部史诗中重复出现的词组、短语，尤其是每个英雄和神的名号的组合与使用。发现史诗具有一整套程式化的语句。他认为，史诗不是诗人简单地运用一个个字或词创作出来的，它还由大量程式化的词组和诗句结合而成。据统计，荷马史诗中有1/5是由重复使用的诗句构成的，总共2.8万行诗中有2.5万个重复出现的短语。这些程式化的用语符合配乐咏唱的古希腊诗歌的特有规律，也便于在没有文字的条件下口头传诵和即兴创作。如此大量而固定的程式用语，显然不能出自一个诗人的创造，那是经过世代民间歌手不断口舌相传、不断积累筛选而约定俗成的。帕里的发现被学术界认为是20世纪荷马研究中最重要的成就，他因此被誉为"荷马研究中的达尔文"。

对《荷马史诗》及其史诗作者的研究与争辩，如同这两部史诗具有永久的魅力一样，也许永无休止。

但丁的《神曲》何时写就？

西方的文艺复兴最早产生于14、15世纪的意大利，"这是一次人类从来没有经历过的最伟大进步的变革"。它的特征在于歌颂世俗以蔑视天堂，标榜理性以反对神启，提倡人性以反对神性，提倡人权以反对神权，倡导个性自由以反对中古时期的宗教桎梏。文艺复兴时期是一个需要巨人而且产生了巨人的时代，但丁便是这些巨人中的第一个，他拉开了文艺复兴运动的序幕。"封建的中世纪的终结和现代资本主义纪元的开端，是以一位大人物为标志的。这位人物就是意大利人但丁。他是中世纪的最后一位诗人，同时又是新时代的最初一位诗人。"

但丁·亚利基利（1265～1321年）出生于意大利的佛罗伦萨城，是一位政治活动家兼诗人，其代表作是千古不朽的著名长诗《神曲》。《神曲》是但丁用意大利方言托斯坎尼语写成的三行体长诗,其规模宏大、气势磅礴,是中世纪文化艺术的结晶。全诗共分"地狱"、"炼狱"和"天堂"三部分。其中"地狱"共34曲或章;"炼狱"和"天堂"各33曲,三部分一共百曲。每曲有若干节。每一节是三行(或三列、或三句),全体百曲总计1,4万行。全诗押韵的法则是奇、偶相生,十分严谨巧妙。

《神曲》的辞藻绝艳,想像巧妙、韵律严整、内容丰富,寓意深刻,这是众所周知、举世公认的。但对于《神曲》的著作年代,学者专家们却意见不一,看法各异。其中最有争议的问题是:但丁写作这部史诗、或者他开始写作此诗到底是在他1302年被敌党放逐出佛罗伦萨、直到1321年客死拉文纳之前呢还是在此之后?作者是什么时候将想象中的幽明三界之观念写成一部长诗的?

但丁的同乡、文艺复兴时期的大师薄伽丘认为,《神曲》开始写作是在1300年,即但丁被放逐以前。但薄伽丘又以为,但丁被放逐以后,在整理那些未完成的旧稿时,或许又对之加以全部改写。薄伽丘的这一观点是从但丁的作品《新生》中得到的暗示。在此诗后面,但丁加上了一段说明,即但丁梦见贝德丽采在天堂(这梦倘使按照《新生》成书的年代来说,应该是1292年的事),而但丁因此要结束了他的赞颂忆念贝德丽采的短诗(《新生》),用"从来对于一切女性都不曾用过的话"来赞颂她,那首诗的第二句中所说的"宽广无垠的远方",后人以为是指"炼狱"。

如果把《新生》里那首短诗看作但丁哀悼他的"淑女"时激情的抒写,那么,假定说但丁在哀思稍减而恋爱的忆念"净化为"虔诚的礼赞的时候,决意要写大规模的诗篇将"他的淑女"捧上天堂,大概也不算没有理由罢?然而在1310年以后他被逼得不能再尽"人事"的时候。他再理旧稿,却已心情改变,他将本来预定赞颂最光荣的女性的诗篇改作对于政治社会的批评了。这就是我们现在所见的《神曲》。在这时的《神曲》里。贝德丽采不复是"爱情"的化身而是"信仰"的象征了。

那么,这改定的《神曲》又是在什么时候开始"改写"的呢?对此也有两种意见。一种是以直到1313年"日耳曼皇帝"亨利七世死后,但丁才动手改写;但大多数学者认为最可靠的推断是将改写年代移至1305年到1306年。

对《神曲》各部分的脱稿时间也有不同意见存在。有的人从《神曲》内叙述的故事和但丁的政治主张上研究。较为肯定地认为:"地狱"篇开始于1308年以前,"炼狱"篇则在1308~1312年,"天堂"篇肯定是在1314年以后。

普遍的意见（也是比较有力的假说）认为，"地狱"篇完成于1308年，"炼狱"篇大概于1313年完成，而"天堂"篇则是在1321年9月但丁去世时刚刚完篇的"初稿"而已；也有一说是，但丁去世的时候，"天堂"篇最后数章（或谓共13章）并未脱稿。现在我们所见的最后13章实际上是但丁的儿子约各伯所续而冒称是但丁的手笔罢了。

研究但丁的学者们推定的这些时期，一方面固然根据了许多"传说"。这些"传说"的可靠程度主要是依各人的看法而大有伸缩；另一方面也在《神曲》里找到了有力的证明。《神曲》的三部分均述及但丁当时的政治。这些政治里的"人"和"事"大半可考。据研究的结果，"地狱"篇中所引证的史实除一个例外，其余都是1302年或1303年以前的；"炼狱"中的典故没有一个是在1308年之后的；而"天堂"篇中的描述则在1316年。

尽管对但丁《神曲》写作的时间推测各异，但有一点是比较为大家所接受的，那就是《神曲》的"地狱"、"炼狱"和"天堂"三部分不是在一个时期里完成的。

《呼啸山庄》的作者是谁？

在文学界，大多数人都认为，《呼啸山庄》的作者是英国作家艾米莉·勃朗特（1818～1848年）。然而，谁又能证明这一点呢？《呼啸山庄》一书的初版是在1847年12月问世的，作者当时的署名是"艾莉斯·勃哀尔"，出版商是托马斯·科特雷·牛比。这部小说描写了18世纪末英国北部约克郡偏僻地区弃儿出身的希斯克利夫被恩肖家收养后的辛酸经历。他热爱恩肖的女儿凯瑟琳，但遭到恩肖一家的强烈反对和歧视。当凯瑟琳嫁给了富商林顿之后，希斯克利夫蓄意对这两个家庭进行报复，并一直延续到他们的第二代。这部小说结构非同一般，富有奇特的想象和戏剧性的构思安排，笔法流畅而细腻，因而深受广大读者的喜爱和青睐。

当艾米莉谢世之后的1850年10月，她的姐姐夏洛蒂·勃朗特主持再版《呼啸山庄》这部小说时，出版商牛比已经把原稿不慎丢失了。当小说刚开始发行时，就有人对交口称誉的《呼啸山庄》一书的真正作者产生怀疑了；当小说原稿不复存在之后，《呼啸山庄》一书的著作归属问题就更是成为人们争论不休的谜题。

有人主张《呼啸山庄》的真正作者不是艾米莉·勃朗特，而是她的同胞哥哥布兰韦尔·勃朗特。当时，已故布兰韦尔的一位名叫威廉·迪尔顿的旧友，在英国《哈利法克斯报》上撰文，肯定《呼啸山庄》是布兰韦尔写作的一部成功之作，称艾米莉是

《呼啸山庄》作者的说法是失实的。在当时，有一位英国作家盖斯凯尔夫人在写作《夏洛蒂·勃朗特传》一书中提到《呼啸山庄》系妹妹艾米莉所著，为此，迪尔顿还专门为此书的作者问题公开责难盖斯凯尔夫人。迪尔顿回忆说：他曾和布兰韦尔决定各写一出戏或一首诗来比试各人的水平高低，他们还约定了聚会的时间和地点，并且找了另外一位朋友来当仲裁人。那天布兰韦尔到会之后，说是要当场朗诵自己写的一首名叫《死神》的长诗，但当他伸手去找随身带来的诗稿时，发现自己错拿了自己正在写作的一部小说的原稿。迪尔顿在文章中十分肯定地说："布兰韦尔这部小说开始部分的人物和背景与《呼啸山庄》中描写的人物和背景是一模一样的"。

1879年，布兰韦尔·勃朗特的另一位朋友弗朗西斯·格兰特也在报章上发表文章，宣称布兰韦尔当年曾亲口告诉他正在创作一部小说，"当我拿到《呼啸山庄》一开始读这部小说时，就已经预知故事中所有的人物情节了，因为布兰韦尔曾经在我面前一而再，再而三地念过这部小说的手稿了。所以，《呼啸山庄》的著作权应归布兰韦尔名下。"

对此，勃朗特一家的观点则是一致肯定《呼啸山庄》是艾米莉创作的，她在此书最初出版时署名"艾莉斯·勃哀尔"正是她本人姓名的笔首

英文字母，同时也承认了此书的著作权归她所有。老勃朗特先生说过，他的儿子完全不可能写出这样一部作品来，布兰韦尔既没有写过《呼啸山庄》的任何文字，也未插手过该书的构思编排。布兰韦尔的文风与艾米莉迥然不同，如果人们了解到布兰韦尔的生平思想和写作风格，就不会枉费心机地把他和《呼啸山庄》的作者等量齐观了。只要熟读了艾米莉创作的其他大量文学作品，也就不难看出《呼啸山庄》的真正作者非她莫属。

艾米莉的姐姐夏洛蒂·勃朗特也在《呼啸山庄》第二版序言中指出：《呼啸山庄》的主题构思与情节安排在勃朗特一家人中间，只有艾米莉是最熟悉最有体验的。艾米莉幼年丧母，父亲是一位偏僻乡村的穷牧师，她在童年时代曾在专门为穷苦牧师的子女寄读的学校上过学，也曾与姐姐夏洛蒂一同远赴比利时异国他乡学习法语和德语，准备将来自己开办学校。但这个愿望始终未能实现。为生活所迫，艾米莉还担任过待遇菲薄的家庭教师。艾米莉性格倔强，文风简洁明快，是一个不信教，罕言寡语而具有强烈自我感的人，她的几位哥哥姐姐在性格上都比她怯弱得多，这正是艾米莉能够创作出这部撼世之作的不可或缺的前提条件。同时艾米莉也是一位卓越的诗人，一生中写下了大量清丽而深刻的隽永诗文。《呼啸山庄》既是一部感人心腑的不朽小说，

也是一首完美动人的叙事诗。

《呼啸山庄》在世界文学宝库中是一颗璀璨的星座，尽管其中的人物情节已经为成千上万的读者所熟悉，长久地留在人们永恒的记忆之中。但是，这部不朽之作的作者是谁？大多数读者入坠迷雾。

伊凡雷帝"书库"究竟在哪里？

俄罗斯历史上赫赫有名的伊凡雷帝，在克里姆林宫的地下藏有大量珍贵的书籍和重要的文件，这个说法既流传于民间，也记载在书本上。但遗憾的是，亲眼见过的人却很少。虽然从16世纪起就有人开始进行探索，但直至今日，所谓"伊凡雷帝书库"依然是个谜。

1533年，年仅3岁的伊凡雷帝即位。1547年，亲自执政，并正式宣布为"全俄罗斯的皇帝"。

1550年，伊凡雷帝颁布新法，改革地方行政制度和军事组织。为了巩固具有专制政权的中央集权国家，他对以前的封邑公爵、世袭封建主、大贵族进行了镇压。"雷帝"这个使人感到恐惧的外号，就由此而来。

伊凡雷帝收藏了大量的书籍，这可能是真实的。关于这批藏书，是根据有关福恩修道院的修道士马克西姆·克里柯的传说而得知的。这是一大批非常宝贵的古代抄本，其数量之多，可以抵得上一个图书馆。

这些书从何而来呢？

据说，是伊凡雷帝从祖父莫斯科大公伊凡三世和皇后索菲娅·巴妮奥洛克丝那里继承来的。索菲娅是东罗马帝国的末代皇帝康士坦丁奴斯十一世的侄女。她来到莫斯科时，曾从帝国的皇家图书馆里带走了不少极为贵重的古代抄本。毫无疑问，这些都是稀世的珍本。

伊凡三世想把所收藏的书籍编个目录，就叫马克西姆·克里柯来完成。此人曾在巴黎、意大利的教堂学习过，很乐意做这项工作。同时，他利用这个机会，把本国使用的斯拉夫教会的翻译本同希腊的原著进行了对照，发现了许多误译之处，就逐个逐个地加以订正。

克里柯的这种做法使莫斯科的大主教约瑟夫大为不悦，认为有损教会的尊严。不久，他就离开了皇宫，又被教团开除，还受到各种各样的迫害。

以上就是有关修道士马克西姆·克里柯和伊凡雷帝书库的传说。从这个传说中，对图书的编目工作是否完成了，大量的书籍藏在克里姆林宫（这是伊凡三世以马克西姆·克里柯的名字命名的）的什么地方，却无从知晓。

在16世纪编辑的《里波利亚年代记》中，对伊凡雷帝的藏书有如下记载："德国神父魏特迈曾见过伊凡雷帝的藏书。它占据了克里姆林宫地下室的两个房间……"

令人感到奇怪的是，在同时代的其他文献或记录中，都没有提到伊凡雷帝书库之事。这是什么道理呢？是藏书已经散失了，抑或本来就不存在呢？

到了19世纪，有两位德国人对伊凡雷帝书库很感兴趣。其中一人为了弄清藏书的来龙去脉，还特意来到莫斯科。他在古代记录保管所里查遍了有关这方面的所有材料，并没有找到所需要的线索。后来，他又对克里姆林宫的地形进行了细致的调查，也难以确定书库的下落。尽管如此，他在离开莫斯科时，还是留下这样的话："我坚信，伊凡雷帝的藏书还沉睡在一个人所不知的地方。解开这个谜，对世界的文化来说可能联系着非常重要的发现。"

对伊凡雷帝书库的命运，学者们的意见也是不一致的："克里姆林宫发生火灾的时候，这些藏书也全都烧毁了。""没有被烧的书籍，都移放到莫斯科大主教的图书馆，后来好像都散失了。""伊凡雷帝的藏书确实还存在。有必要对克里姆林宫进一步进行探索。"

学者们的看法暂且不谈。而关于克里姆林宫的地下密室，还有这样一段传闻：

19世纪末，克里姆林宫古玩器类

的权威——历史学家扎贝宁，曾听某个官员说过，他在造币厂的文书保管所看到一本很奇怪的书，上面记的全是以前的事。其中有这样一件事：

……在1724年，彼得大帝决定迁都彼得堡，把莫斯科作为陪都。同年12月，一个在教会服务的叫奥希波夫的人，来到彼得堡，向财务局提出一份报告，谈到莫斯科的克里姆林宫的地下有个秘密的场所，是两个房间，里面放着许多大箱子。铁门上还加了大锁，贴上封条。

这个情况是奥希波夫从一个叫瓦西里·马卡力也夫的人那里听来的。这个人是财政方面的官员。他在临死前说道，根据索菲娅公主的命令，他曾参与了对地下密室的调查。索菲娅公主是彼得大帝的同父异母的姐姐。

经过一番研究，立即着手对克里姆林宫地下的发掘。但不久，从彼得堡来了指示，命令停止调查。

9年之后，这个奥希波夫再次提出要求，希望能进行克里姆林宫地下的发掘。

结果怎样呢？在公文保管处所保存下来的报告中曾这样写道："尽管全力以赴，但没能发现秘密的场所。"

前苏联科学院院士索伯列夫斯基认为，虽说奥希波夫失败了，但不能断言伊凡雷帝书库就不存在，他深信，总有一天会把这个谜解开的。

"死海书卷"是怎么一回事？

谁能够想到，中东地区约旦境内的一位普普通通的牧羊人，竟然为世界文化史的研究作出了杰出的贡献。

事情发生在 1947 年，有一天这位住在约旦境内死海岸边的牧羊人突然发现他的一头羊不知道跑到哪儿去了。羊是当地老百姓的主要财产，丢了一头羊当然不是一件小事情，于是他独自一人四处寻找去了，可是一路找来都未曾发现他那只丢失的绵羊。

当他走到死海西北岸一个叫做库姆兰的地区，发现在那儿一座岩石山上有一个洞穴。他想也许他的那只羊钻到这座洞穴里去了。他当即从地上捡起一块拳头那么大小的石头，把它抛进了这个洞穴，试图用这样的办法把他的羊从洞中驱赶出来。哪儿知道，这块石头落入岩石洞中以后，紧接着就传出了一连串砰砰碰碰的奇怪响声，吓得他拔腿就跑，以前他也有几次用这个办法把躲在洞穴里的羊赶出来的，可是从来投有听到过这样吓人的响声。

他一口气跑到他的一位朋友那儿，把发生的这件事情泵原本本告诉了他。他的朋友也想不出这是怎么回事情。两人商量一番以后，决定一起深入洞穴去探个究竟。他俩壮着胆，打了火把，一步一步跨进了洞穴。

嘿！这是一座好大的洞穴呀！奇怪，在这荒凉的海岸边的一座无人居住的洞穴里竟然放置着五十几个圆筒形的泥瓦罐。原来是石块在洞穴里断断续续碰击这些泥瓦罐后发出砰砰碰碰的声响，然后在石洞中引起共鸣，造成吓人的回响。

这五十几个圆筒瓦罐装的什么东西呢？原来是古时候的羊皮书卷。经专家们研究，认定这是一些书写在羊皮纸上的手抄本书卷，分别用古希腊文、希伯来文和阿兰文书写，内容主要是圣经和对经文的注释。另外也有一些是有关修道团的规章以及片断的历史记载。

随着这些羊皮纸书卷的发现，自然而然地引出一连串的问题：究竟是谁把这些羊皮书卷放进这个洞穴里去的？他们为什么要把这些辛辛苦苦用手抄成的书籍放在这么荒凉的一座山洞里呢？又是从什么时候起藏在那儿的呢？

至今为止始终没有找到有关这批文书的可靠史实记载，人们只能从各个角度作某种判断与猜测。

从这些文书的内容判断，人们认为这批羊皮文书大约是在公元 70 年代时被放进这个洞穴的，因为文书中所记载事情发生的年代，最迟的不晚于公元 73 年。

有人认为这是犹太教内某一个苦行僧修道团为躲避乱世的纷扰，选择了这座荒僻的山洞作为修道、习经场所。他们在这儿过着十分清苦的生活，大部分时间用于祈祷、行圣礼、研习与抄录经文，装在罐内的就是他们所整理与抄录的文书。在这批羊皮文书中也确实有一些文书是关于犹太教一个"戒行派"修道僧团章程的内容，章程规定该修道团内实行财产共有，生活俭朴，以水与面包为主要饮食等等，

另有一种说法是：公元一世纪时古罗马军队入侵该地，该地某一修道团逃遁时，将这批文书隐匿洞内，以免遭受罗马人的破坏。此后该修道团的人员再也没有可能回到该地，这批书卷就在洞内沉睡了将近 2000 年，最后是一只逃跑的绵羊使它们重见天日，回到了人世间。

1964 年人们在发掘死海另一岸，即西南岸边一座被古罗马军队毁掉的军事要塞时，也发现过类似的一些羊皮书卷，从而证明"死海书卷"一事与罗马军队入侵有关的说法似乎是可信的。然而仍然无法寻找到确信无疑的证据来证实这一说法，所以仍然无法完全解开这批文书的来源之谜。

神秘的"死海书卷"现今藏于中东耶路撒冷城内的希伯来大学的一间地下室里。这批羊皮书成了一批极其珍贵的古代文献，是供我们研究早期基督教的情况以及晚期犹太教内各支派的情况的主要资料。

《马可·波罗游记》原本何属？

马可·波罗是家喻户晓的世界名人，他口述的那本《马可·波罗游记》（以下简称《游记》），以其真实而生动的描述，广博而丰富的记载，不仅使大家认识了意大利 13 世纪威尼斯地方的大旅行家马可·波罗其人，更重要的是它曾经打开了当时欧洲人的眼界，使欧洲人旧有的世界观发生了根本性的动摇，进而萌发了克利斯朵夫，哥伦布开辟新航路之壮举，这一重新认识世界的行动使人类社会进入了新纪元。由于《游记》所具有的划时代意义，它至今吸引着不少旅行家根据其记载，步作者之后尘，横贯亚洲大陆前来中国；而且它还激发了影视工作者将其搬上银幕，使人们能够进一步认识马可·波罗其人及其《游记》的价值。因此，世人对《游记》的内容充满了喜爱和尊重的感情。然而，从事《游记》研究的版本学家并不为上述感情所左右，他们认真而科学地对《游记》的各种版本的来龙去脉展开了研讨，从而产生了《游记》原本之争。

据考证，《游记》约成书于 1298~1299 年。《游记》一问世即引起欧洲人莫大的兴趣，被转译成多种文字流传。当时欧洲尚通行以手抄本的形

马可·波罗

式传播文化。1477年，德国纽伦堡首次采用活字印制《游记》德译本。但是由于不少《游记》的珍贵抄本属私人藏书，因此此后数百年仍不乏新抄的《游记》，抄本问世。不幸的是，《游记》在被转抄和转译过程中遭受了中世纪科学著作不可避免的命运，即受到愚昧无知和粗暴武断的删改，其结果不仅使《游记》原本亡佚，而且使其内容遭到曲解，以致不能更准确地反映当时的历史和文化景观。鉴于此，数世纪来不少学者专心研究《游记》诸抄本，以求解开《游记》原本之谜。

目前世界上已发现《游记》抄本计150余种，散藏于意大利及欧洲各图书馆和档案馆。这些抄本分别用法语、拉丁语、意大利的托斯坎方言和威尼斯方言，以及西班牙的加泰隆方言和阿拉贡方言等多种语言抄成。由于《游记》诸抄本之间所用语言不同，引起了人们对其原本用语的意见分歧。

第一种说法是所谓"法语说"。这种说法认为在马可·波罗时代尽管欧洲书面语仍以拉丁语为主，但是"担负书写功能的方言在欧洲散布最广泛并最为大众欢迎的却数法语"。意大利大文豪但丁的老师，马可·波罗的同时代人拉蒂尼就是用法语写作的。

第二种说法是所谓"拉丁语说"。这种说法认为中世纪的欧洲官方语言以拉丁语为主，并且抄本中数拉丁语抄本及其转译本居多，其中最著名的有西班牙塞维利亚哥伦布图书馆珍藏的大航海家详加边注的一种拉丁语《游记》抄本。

第三种说法是所谓"托斯坎方言说"。这种说法认为当时的意大利诸方言中数托斯坎方言影响最大，略晚于马可·波罗的意大利大诗人，但丁的《神曲》即以属托斯坎方言系统的佛罗伦萨语写成，从而奠定了意大利统一语言的基础。

第四种说法是所谓"威尼斯方言说"。这种说法认为马可·波罗是威尼斯人，自然擅长运用本地方言写作，况且直至今日意大利语言还远未最后统一，地方上还习惯使用各自的方言交流思想。

第五种说法产生于 19 世纪末，是学者们经过分析研究后得出的一种新看法。这种说法认为《游记》原本用语是一种古法语，确切地讲应该称作"法兰克—意大利语"（franco－it－aliano）或者"法兰克—威尼斯语"（franco－veneto）"这种语言是一种含有古威尼斯方言的变形法语"，在马可·波罗时代盛行于意大利北部。马可·波罗为了让更多的人了解他的经历，因而采用了当时属欧洲"国际性语言"的法语来口述他的《游记》。在写作过程中，马可·波罗由于缺少语言学家的语言修养，不可避免地受到当时多元语言形势的影响，致使《游记》用语不纯。

除了《游记》原本用语众说纷纭外，学者们还发现，不同语言系统的抄本内容不尽一致，因此找出不同抄本之间的渊源关系也成了问题，经过比较厘定，意大利学者贝内德托提出了《游记》抄本二类说。根据他的意见，现存《游记》全部抄本可分成 A 类和 B 类两大系统。A 类抄本的原型为巴黎国家图书馆藏第 1116 号法语手稿，此手稿是 14 世纪初书于意大利的法兰克—意大利语羊皮纸抄本，它系统地保留了原来的语言，"带有 13 世纪作家所特有的丰富表达形式"。A 类抄本又分属 3 个子系统，即法语系统、托斯坎方言系统和威尼斯方言系统。

B 类抄本的代表为意大利托利多

天主教会图书馆藏"泽拉达本"，简称"Z本"。据认为，"这份手稿原是一份罗曼语抄本的拉丁语译本，优于任何现存抄本"。此抄本约成于 15 世纪初。二类抄本又同源于已佚原本的已佚复本。

然而贝内德托的《游记》抄本二类说未能全部解决诸抄本的关系问题。人们发现，在 16 世纪刊行《游记》的一个意大利语译本中，有一部分内容既不见于 A 类抄本，又不见于 B 类抄本。据编纂者威尼斯地理学家拉姆西奥称，他在编纂《游记》新版本时曾参考了威尼斯吉西家族珍藏的一份"出奇古老的"拉丁语抄本。显然"拉姆西奥本"代表了第三类抄本系统。人们怀疑，是否不久会出现第四类或第五类抄本系统呢？并且到底哪类抄本更接近于《游记》原本呢？

上述种种问题，造成了旷日持久的《游记》原本之争。这一争论何时能得到最后的解决呢？由于原本的亡佚，是否能彻底解决《游记》原本之争，至今是一个谜。

《政事论》成书于何时？

《政事论》，或译为《利论》、《实利论》、《治国安邦术》等等，是古代印度的一部极重要的历史文献。有人甚至宣称它是古代印度"有关政治学的最全面的论著"，是"政治学和行政管理学的经典著作"。全书分 15 卷，共 180 章，内容宏丰，涉及面相当广泛。它对于重建古代印度的政治史、经济史、军事史、法制史、外交史，甚至科技文化史都具有很高的参考价值。故此当这部著作的手稿于 1909 年发现后，立即引起了各国印度学家的关注和重视。我们知道，历史是按时间顺序向前发展的，历史的演进是不能超越时间和空间的。然而，古代印度的历史文献不是没有年代记载，就是年代混乱。这是印度学家们研究印度历史时首先遇到的难题。现在这个问题又十分醒目地摆在印度学家们的面前了。《政事论》究竟成书于什么年代？这个问题不搞清楚，将直接影响对整个古代印度史的历史评价。

20 世纪初，《政事论》刚刊行不久时，一些学者认为该书成于公元前 4 世纪，即孔雀王朝时代，作者是考底里耶或毗湿奴笈多或阁那伽。该书的英译者印度人夏尔马·萨斯特里，英国人文·史密斯、弗里特，德国人雅可比，挪威人鄂图·斯坦因等等都持这种观点。因为这部著作每章之末，作者都自称为考底里耶，且在第 15 卷的第一章，作者宣称推翻难陀王朝是他的功劳，而在书末的题跋里，作者又自称为毗湿奴笈多，由于印度的古籍，如《毗湿奴往事书》中曾提到考底里耶帮助旃陀罗笈多·莫里亚（月护王）推翻了难陀王朝最后一位统治者，并将月护王扶上了王位。又如《十公子传》中提到毗湿奴笈多曾为孔雀王朝的君主而将《政事论》删节为 6000 颂等等。鉴于此，他们认为《政事论》为孔雀王朝的首相考底里耶或毗湿奴笈多的作品，其中所谈的情况自然属孔雀王朝的事。

但随着研究的深入，越来越多的学者又提出了一些似乎很有说服力的证据，证明考底里耶一名出自伪托，该书成于公元 1～3 世纪之间。持这一观点的人有：斑达卡尔，主张成书于公元初期；赖乔杜里、乔利、凯斯、温特尼兹，主张成书于公元 3 世纪左右甚至更晚；前苏联学者谢尔巴茨基、奥西波夫等也主张成书于公元后 1～3 世纪之间。他们最有力的证据是考底里耶书中的记载与确凿可靠的孔雀王朝的史料十分矛盾。如：阿育王铭文中全然没有使用过《政事论》中所载的计时方法；阿育王的岩石诏谕用的是俗语而《政事论》中的语言是梵文；阿育王铭文中提到的字母数字仅 41 个，而《政事论》中所使用的竟达 63 个；阿育王铭文上提到的官衔《政事论》上只字未提，《政事论》中的官衔也不见于阿育王铭文；《政事论》中所载的营垒是用砖建造的，而孔雀王朝的各城市，如首都华氏城却是用木料修建的；《政事论》中不仅未提及月护王，甚至连孔雀王朝首都华氏城也未提。另外阿育王铭文中也没见到考底里耶这个名字，学者们认为，甚至连考底里耶一名也值得怀疑，因为梵文中此字意为"欺诈"、"虚伪"，印度史上空前强大的孔雀王朝的堂堂宰相竟用"骗子"、"伪托者"之类奇怪的字作名字，实在是不可思议。所以他们认为此书是一部晚出的宣扬考底里耶一派教导的作品，很可能是考底里耶的信徒所书，而非他本人的手笔。

至此，问题似乎解决了，其实不然。当代印度著名的女历史学家罗米拉·塔帕尔对上述问题作了批判性的考察后提出了自己的见解。她认为，《政事论》原为孔雀王朝的大臣考塔里耶（非考底里耶）所著，他也以阇那伽而著称。以后直到大约公元3世纪或4世纪有不同的作者加以编订和评注。毗湿奴笈多对全文作了检查，我们今天见到的版本就是毗湿奴笈多最后的本子。关于《政事论》的语言问题，她指出，阿育王的铭文是让公众阅读的，自然要用公众的语言。在宫廷范围内，在社会上受过良好教育的人，即使在孔雀王朝亦不妨碍用梵文。关于营垒的建造，塔帕尔谈到，据希腊驻孔雀王朝的使臣麦伽斯蒂里的记载，当时靠近江河或海的城市是用木材建造的，而在这以外的城市则是用砖建造的，考塔里耶在《政事论》中详细制订了预防火害的措施，这说明他不是不知道木结构建筑的盛行。关于《政事论》中提到的官衔未见于阿育王铭文的问题，塔帕尔认为这不足为证，因为没有证据证明孔雀王朝不使用这些官衔，相反，《政事论》中的许多专门术语（包括官衔）与阿育王铭文上的很相似。塔帕尔还指出，《政事论》中对待演员和各种演奏者的看法与阿育王的一些铭文中倾向很一致。这些人受到很大的猜疑，并在社会上被看成是无种姓的，而在公元3～4世纪，戏剧却是受到尊重的，与之有关的人在社上也很受欢迎。如此等等，塔帕尔用许多证据说明《政事论》原来的文本是公元前四世纪，即孔雀王朝时代写成的。但她同时指出，现存的《政事论》比原作的范围要大得多，文体也有变化，作者的心理态度前后也不一致。例如，在讨论国家消除瘟疫的方法时，对于每一个灾害，首先的建议是合理的、实际的，之后作者又求助于某些巫术仪式，这显然是后来的人补充编订的结果。

由此来看，关于《政事论》的年代问题，争论尚未结束，结论尚未统一，但弄清这个问题为时不会太久。欲探踪索隐者，还大有可为。

普希金《一号日记》的真相如何?

19世纪的俄罗斯文坛陡然异峰突起,开创了一个群星灿烂的鼎盛时代,伟大诗人普希金(1799~1837年),就起到了开拓者和奠基人的作用,他的一系列创作对俄罗斯文学的形成和丰富发展作出了划时代的贡献。别林斯基说过:"只有从普希金开始,才有了俄罗斯文学,因为他的诗歌里跳动着俄罗斯生活的脉搏。"俄国文豪高尔基曾指出:"普希金是一位将浪漫主义和现实主义相结合的奠基人。"伟大的革命导师们也非常喜爱普希金的作品,马克思50多岁开始学习俄文时,曾经怀着很大的兴趣阅读了普希金的许多作品,恩格斯还把《叶甫盖尼·奥涅金》的一些章节译成德文,列宁在被沙皇流放期间所最爱读的文学作品就是普希金的诗文。

诗人普希金短暂的一生,给后人留下了异常丰富的文学遗产。在前苏联,对普希金作品的研究已经形成为一门独立的"普希金学",他的大量手稿现在都收藏在前苏联的"普希金故居"和"普希金博物馆"里面。然而,普希金的《一号日记》一直杳无下落,几十年来一直引起"普希金学"研究专家们的极大兴趣与关注。

普希金《一号日记》的不解之谜是由普希金的孙女叶莲娜亚历山大德罗芙娜·普希金娜所引起的。1920年,侨居国外的叶莲娜突然向外界宣布:她祖父普希金的一部分日记现在正由她收藏着。因为诗人普希金在决斗中遇害之后,人们在整理遗稿时,发现他的一部日记的扉页上注明编号为"二"。所以"普希金学"的研究专家们把叶莲娜收藏的日记称为《一号日记》。那么,究竟有没有《一号日记》呢?《一号日记》的真相如何呢?

一些普希金学家认为答案是肯定的。造诣颇深的学者法因贝格在《失落的日记》一文中断言存在普希金的《一号日记》,而且认定目前正收藏在安居国外的普希金后代手中。这份手稿最早曾由诗人的长子亚历山大·普希金掌管,尔后几经辗转又到了他的女儿叶莲娜手里。1923年,叶莲娜在给友人的信函中还特别强调自己手中还保存着爷爷没有发表过的日记以及其他各种手稿,这些资料根据她父亲的嘱咐:在诗人逝世一百周年(1937年)之前不得发表,因为《一号日记》中提及抨击的那些人在此之前还活在人世。前苏联一位普希金学家戈富曼在《再论普希金之死》一文中写道:诗人的《一号日记》将使人们了解到导致诗人普希金参与这场悲剧性决斗的真相,这些资料比普希金学家所掌握的史料更为丰富完臻为了使普希金珍贵的文稿不致流散他国异乡，前苏联"普希金故居"和"普希金博物馆"利用各种途径竭力寻找普希金的遗稿。但是，由于一直未能找到叶莲娜在国外的确切行踪，寻找普希金《一号日记》的活动至今一无所获。

另一些研究者则持异议，他们断然否定诗人普希金《一号日记》的存在。前苏联一位著名的普希金学专家莫扎列斯基说过："我愿用头颅作保，除了现有的日记之外，根本不存在普希金的其他任何日记"。叶莲娜的兄长尼古拉·亚历山大德罗维莆也认为：叶莲娜凭空臆造出关于普希金《一号日记》的故事，其目的仅仅是为了提高自己地位和身价。叶莲娜的外甥女纳·谢·梅泽卓娃亦赞同地说："叶莲娜舅妈根本不可能有普希金的日记，因为诗人的全部文稿资料都保存在诗人的长子那里，但我从来没有听说过诗人写的《一号日记》。"

普希金《一号日记》的真相究竟如何？许多专家学者在钻研了大量文献史料之后提出了有关《一号日记》之谜的颇有见地的见解。然而，覆盖在《一号日记》之上的神秘朦胧的面纱一直未能揭开，时至今日，俄罗斯的"普希金学"专家学者们还在孜孜不倦地寻找着诗人普希金《一号日记》的踪迹。

《静静的顿河》原作者究竟是谁？

《静静的顿河》是一部名闻天下的鸿篇巨著。前苏联作协历来宣称这是肖洛霍夫的作品，也是之所以能在他1965年荣获举世瞩目的诺贝尔文学奖金的具有独特风格的力作。肖洛霍夫是否是《静静的顿河》的原作者呢？说法不一。

1928年，当年仅23岁的肖洛霍夫把《静静的顿河》的第一部送交由拉普（全俄作家联盟）主办的《十月》杂志发表之后，在他家乡顿河岸罗斯托夫城的一些报刊上，立刻就有人声称《静静的顿河》的原稿并非出于他的手笔，说他不过是把一个白军军官的遗稿作了一番偷梁换柱、制作加工的勾当，并说他的这种不法行为已为检察机关所注意。

这些活灵活现，有眉有目的流言不胫而走，很快就传遍全国，不仅使肖洛霍夫顿即名誉扫地，同时也使前苏联作协大失光彩。法捷耶夫等5位作协领导人在迫不得已的情况下，于次年3月19日在《真理报》上发表了一封措词强硬的为肖洛霍夫洗刷耻辱的公开信。

公开信虽发表得及时，但由于未用摆事实讲道理的办法。从肖洛霍夫的整个创作进程去证实这确是他一人所著的作品，而仅仅用简单的粗暴的行政干涉的办法来威胁传谣者，这就难以叫这种流言永远销声匿迹。

当年9月8日，《布尔什维克接班人报》又刊出了一篇攻讦肖洛霍夫是个"不参加任何社会生活"的时代落伍者的署名文章。虽说文中未曾正面提及《静静的顿河》的创作问题，但却给人造成了这样的一种印象：他既不深入生活，又不出门搜集素材，怎可能创作出如此博大精深、脍炙人口的盖世之作来呢？

这篇文章给他的压力极大，为此他立刻在10月号《高潮》杂志上发表了一则驳斥该文的声明，北高加索作协也即给他以有力的声援，然而当他们的文章还未曾造成广泛的影响的时候，不幸的命运又一次袭击了他。

1930年，在一本书名为《安魂曲》的纪念文集中，有封提到关于作家哥洛乌舍夫曾在1917年写过一部书，题为《静静的顿河》而不曾发表的信。其实这是一部旅行随笔，并非小说，但由于书中未曾注明这一事实，这就给已够沸沸扬扬的舆论界又增添了一对任众遐想的翅膀。肖洛霍夫总是有口难辩，简直到了赃证俱全的窃贼地步。

1965年8月，在肖洛霍夫被提名为诺贝尔奖金候选人前夕，《锤报》又有人著文说，一个名叫克留柯夫的作家，他对哥萨克的风土人情、社会历史和国内战争时期的风云变幻十分

熟悉，而经历又与《静静的顿河》中主人公葛利高里大致相符，他曾留下过一只"装着手稿的铁皮箱"。

敏感的读者很快就觉察到这篇文章向他们暗示了什么，于是再次舆论哗然。虽说这篇文章最后还是被一家权威报纸以不容驳辩的语调压下去了，但是游荡着的剽窃说的幽灵，并不因中央级报刊大动干戈而自此销声匿迹。1974年，有位流亡国外的苏联人在巴黎出版了《＜顿河＞急流》一书。书中说，当时肖洛霍夫的生活阅历，注定了他还不可能创作出如此气魄宏伟、不同凡响的长篇巨作来，只是因为他有了白党作家克留柯夫的底本，才使他走了运。与此同时，从欧美各国也不时传来一些荒诞不经，然而却迎合人们口味的流言。

有人说《静静的顿河》的原本是肖洛霍夫妻子娘家某亲友之作，原稿装在一只小箱子里，他结婚时，由他未婚妻作为嫁妆带来给了他。又有人说列宁格勒的一个妇女，找到了她的当过白军军官的弟弟留下的一部分初稿，内容与《静静的顿河》基本一样。如此云云，不一而足。

肖洛霍夫究竟是因为由于他当时过于年轻，出乎意料地写出了这样的宏伟巨著，而引起庸人们的嫉妒，还是因为他确是盗用过别人的稿本而引起人们的愤慨？这确实是个难解的谜。

近年，虽曾有人通过现代化语言

检索设备，测出《静静的顿河》与他后期作品的语言风格基本一致，以此证明这部著作确是他的作品。但这毕竟不是直接的证据，更无法解答他是否挪用了别人手稿中的材料这一疑问。

谁创造了纳斯卡地画？

在秘鲁西南沿海伊卡省东南，有一片面积为 250 平方千米的荒凉高地，那里有一座默默无闻、被人遗忘的纳斯卡小镇。自从考古工作者在这里发掘出大量公元前 3 世纪～5 世纪的多彩陶器、纺织品、数以百计的古墓葬后，探幽访古、旅游考察的人群络绎不绝来到那里，小镇顿时兴旺、繁荣起来。以色彩艳丽、造型古朴的陶器为代表的纳斯卡文化就此扬名天下。到 20 世纪中叶，巨型地画的出土，更给纳斯卡文化增添了异彩。

巨型地画的发现，纯属偶然。当时一支考古队风尘仆仆开赴纳斯卡南部的一片旷野。他们风餐露宿、披星戴月地进行考古发掘工作，然而一无所获，甚至连维持生命的水源也找不到。正当他们万念俱灰时，一名考古队员意外地发现覆盖着红褐色碎石的地表下面有一条人工挖成的"沟"。这一发现犹如一帖兴奋剂。考古队员立即群情激昂地投入紧张的挖掘工作。一条宽窄不一、深度近 1 米的走

向变幻莫测的"沟"渐渐裸露地面，面对这些奇特玄妙的古建筑工程，考古工作者百思不得其解。他们决定进行一次空中观察。当人们从乘坐的飞机上俯瞰时，一幅神奇的图案呈现在眼前，刹那间每个人都瞠目结舌，半晌说不出话来，整个高地上布满了硕大无朋的几何图形，甚是宏伟壮观。这些线条似的地沟组成了三角形、长方形、平行四边形、螺旋形等各种几何图案，这些几何图形又分别再组成巨大的蜥蜴、蜘蛛、章鱼、鲸鱼、蜂鸟、长爪狗等动物和一些植物图案。线条长几百米到数千米不等，而且这些栩栩如生的动植物图案相隔一定距离又重复出现。以后又有人发现，清早登上邻近山冈遥望，这些原来只能在高空俯看到的巨画在朝阳照射下清晰地展现在面前，但等到太阳升到头顶时，它们又消失在荒凉的山谷里。

纳斯卡地画的发现，引起国际考古学界极大震动。不少人把它与世界七大奇迹相比美。那么这些巨画出自谁之手，又是怎样形成的呢？绝大多数科学家认为它们不是自然形成的。而是人工创作的，并且很可能出自创造了纳斯卡文化的印第安人之手，理由是巨画的图像和纳斯卡地区出土的陶器碎片上的图案有十分相似之处。对纳斯卡地画有研究的科学家玛丽亚·顿歇说，当时印第安人先设计一个较小的图样，然后按比例扩大，在纳斯卡高原上现在仍可看到放大后图

案旁边紧挨着一个原始的小型图样。根据有些实验。人们推测古时候的印第安人可能曾利用当地材料制作热气球，并在上空观察他们的艺术成果。但他们为什么要在这不毛之地作这些令人叹为观止的巨画？这至今是个谜。

1941年第一个研究地画的保罗·科索科博士曾向外界宣布，他发现了"世界上最大的天文书籍"。西德一科学家认为巨画是印第安人的天文日历。那些图像则是表示季节和时间的特殊符号。还有一些科学家认为，地画中的某些线条与冬至夏至有关。也有不少专家认为，地画中的动物图形也许是不同星群形状的复制图，例如一只8足蜘蛛很可能是纳斯卡人崇拜的星座的代表，而那些长短不一、形状各异的线条则表现了星辰运行的轨迹。因此专家们推断，纳斯卡人借助这一巨大的天文日历来计算什么时候播种，什么时候引水灌溉。总之持上述观点的人都认为地画与天文历法有密切关系。

英国历史学家汉斯·鲍曼在其《秘鲁的黄金与上帝》一书中则提出，纳斯卡巨画可能是当初印第安人对死后天国的想象和憧憬，因为印第安人向来具有重来世轻现世的传统。

一些专家认为巨画与当时印第安人的宗教祭祀活动有关，画中的动物不是给凡人观看的，而是作为祭品专供天上的诸神欣赏的。一些秘鲁学者推断，每个图像可能是一个氏族图腾，由于图像种类很多，说明那时在纳斯卡地区曾繁衍生息着许多氏族。

还有些学者认为，纳斯卡地画是秘鲁印第安人灌溉系统或道路的标志。但这又不能对为什么路线那么奇形怪状，而且到一处后又突然终止作出圆满的解释。

更令人感到新奇的说法是，瑞士的厄里希·丰·丹尼肯在其名著《众神之车》中断言："从空中俯瞰，37英里长的纳斯卡荒原给我留下的印象是一个轮廓鲜明的飞机场"。而地上的各种图案"无疑是专为凌空飞翔的生灵提供（着陆）的一些标记"。这无疑是说在美洲远古时代就已存在外星人。美国学者C.J.卡佐和S.D.斯各特在他们合著的《奇事再探》中驳斥了丹尼肯的妄断，认为从现代科学技术角度看，太空船不需要使用机场，难以想象从外星球来的生物是用大型喷气客机着陆的，再说纳斯卡荒原土质松软，上面布满石块，并不适合做着陆地点，而且不管怎么说，外星球的飞行器为什么需要37英里（1英里≈1.609千米）长的跑道，难道制动系统没有了吗？卡佐和斯各特还进一步揭露鼓吹"天外来客的那些人的反科学的实质"。他们认为，对于纳斯卡地画和其他类似的诸多奇迹、古谜，人们尚未掌握全部资料，很多东西有待发现，现在下结论还为时过早。

非洲原始岩画是谁创作的?

非洲是世界文明的发源地之一,从 18 世纪起,人们在这块古老大陆的山地、悬崖峭壁上发现了许许多多史前原始岩画,这些岩画多以表现动物为主,有野牛、角马、条纹羚羊、斑驴……虽然画得十分粗糙,但个个形象栩栩如生,非洲岩画是非常典型的原始部族岩画,它虽然不如欧洲岩画发生得那样早,但要比大洋洲的远为古老,而且它不像欧洲岩画只集中在法国、西班牙,而是分布极为广泛,在阿尔及利亚、埃塞俄比亚、埃及、安哥拉、莫桑比克、肯尼亚、博茨瓦纳等 10 多个国家都保留了这种原始的艺术作品,更引人注意的是它数量之多、流传之广,仅撒哈拉地区就有 3 万个岩画遗址被发现,半数在塔西里,时间上经历了上万年。

最早发现非洲岩画是在 1721 年,要比欧洲原始岩画早发现 150 多年。当时委内瑞拉一个葡萄牙人旅游团到莫桑比克旅游观光,一个偶然机会,旅游团成员在岩壁上发现了第一幅画着动物的岩画,当即他们就向里斯本皇家美术学院作了报告。1752 年,由 E. A. 弗雷德里克率领的非洲探险队在非洲东海岸鱼河两岸又发现了好几幅岩画。1790~1791 年由格罗夫纳率领的远征队在非洲土地上发现了更

多的岩画。令人惊喜不已的是,人们以后又在阿尔及利亚东部找到一座巨大的颜料库,它位于撒哈拉沙漠中一条长 800 千米。宽 50~60 千米的恩阿哲尔山脉,那里蕴藏着丰富的红砂土矿藏就是岩画的主要颜料。在这片广阔山区,一个法国探险队在 1956 年竟发现了 1 万多幅作品。根据这些岩画所反映的内容,科学家们推断在撒哈拉地区变成沙漠以前,这里曾生息过旧石器和新石器时代的人们,他们以猎取大型水栖动物为谋生手段,也放牧羊群。大量考古资料证实,非洲在公元前 8000 年~前 2000 年是地质学上寒武纪的潮湿期。那时撒哈拉地区还是一片布满热带植物,适于狩猎的草原,而不是沙漠,这正是产生狩猎艺术的重要土壤。

非洲岩画的发现无疑对研究世界原始文化有着重要意义,它使我们能以此了解、考察非洲原始部族的审美意识的起源以及原始艺术的特征,更能从岩画中了解当时非洲原始部族的生活和社会形态。

那么这些原始岩画究竟出自谁家之手呢?

世界考古学界围绕岩画作者主要分成两大派。一派认为岩画是非洲本土产物,它自成体系,不超越非洲边界。这一派中绝大多数人认为是当地土著布须曼人创作的,如世界著名学者与考古学家亚历山大·R. 威尔科克斯、H. 布勒伊、C. K. 库克等,

其中亚历山大认为撒哈拉地区是布须曼人文化中心，非洲岩画就发生在这个中心地区，而后向四周传播，北至塔西里，东北至西班牙，南至非洲中部、南部。东至埃及。不少专家指出，岩画中表现的非洲土著居民臀部高耸的形象正是非洲一些部族的人种特征，这是欧洲史前岩画中不可能有的。至于非洲岩画与欧洲岩画在岩画问题上有雷同之处，这不足为理由。因为狩猎艺术遍于整个地球。生活方式的一致性给狩猎艺术题材甚至表现方法带来某些相似性。这一派中的库克认为是非洲许多原始居民在漫长历史时期中共同完成的，在其《南非岩画艺术》一书中他提出，撒哈拉人的岩画作于 5000 年前，霍恩人的作于 4000 年前，肯尼亚人岩画作于 1500 年前，南非人岩画作于 6000 年前……画家兼旅行家克里斯蒂则认为岩画是已经灭绝的霍屯督人的作品。

而另一派主要是欧洲学者，则坚持认为非洲史前岩画是外来文化传播的产物，有的干脆说是欧洲史前岩画复制品。他们认为在公元前 5 万年左右，首批欧洲移民尼安德特人来到非洲，4000 年后克罗马侬人大批移居非洲，正是作为欧洲史前岩画创造者的他们，把岩画带到了非洲，此外他们还以在非洲北部发现欧洲旧石器时代的克罗马侬人和卡普新石器时代的人种类型以及布须曼人丝毫不懂透视法为依据。但是这一观点缺乏足够的事实作有力证明。虽然西班牙东部、北非、撒哈拉、埃及等地区岩画确有相似之处，一些考古学家也因此推想在遥远年代的狩猎者及狩猎艺术家，是从地中海漂泊到好望角去的，当他们漫游到当时还是绿色而富饶的撒哈拉及东非大平原时，找到了理想的狩猎区，而后到达山区高原时就停止前进了，于是在那里创作了许多最早的非洲岩画。然而这些只是他们没经证实的主观猜测和臆想。至于说布须曼人不懂得透视法，这不能证明岩画就不是他们的作品。因为已灭绝的布须曼画家也可能具有后来的布须曼人所没有的岩画知识和技巧。这种知识与技巧是秘密传授的，只有极少数人才能掌握，所以后来的布须曼人看不懂前人所画的岩画并不足怪。何况因不少岩画日久天长已模糊不清，后来者也难以辨认了，以人种学观点作依据就更是一种缺乏说服力的种族偏见了。

上述观点哪一种正确呢？就现有证据来说还难以确定，需要史学家继续考证。

名人轶事篇
MING REN YI SHI PIAN

"莎士比亚"真有其人吗?

威廉·莎士比亚的一系列文学作品深刻而生动地反映了 16 世纪到 17 世纪英国的时代现实,集中地代表了整个欧洲文艺复兴时期的文学成就。举世闻名的《哈姆雷特》、《奥赛罗》、《李尔王》和《麦克佩斯》更是奠定了莎士比亚在世界文学史上的"巨人"地位,就像我国研究《红楼梦》的"红学"一样,莎士比亚在世界文化史上雄视百代,研究莎士比亚作品早已在国际上成为一种专门的学问,人称"莎学"。莎士比亚的名字早已越出国界,成为各国人民所崇敬的"世界文化巨人"。

莎士比亚一生中创作了 37 部戏剧、154 首十四行诗和两首长诗。除了两首长诗是他生前发表的以外。

其余的作品都是他死后由别人搜集整理后陆续问世的。最令人生疑的是,莎士比亚作为欧洲文艺复兴时期最伟大的戏剧家,他的身世却有许多不为世人所知的地方,他本人未曾留下只字片言,有关介绍莎士比亚生平事迹的材料奇缺。当时,也没有一个人能够明确说明那些作品是演员莎士比亚创作的。在莎士比亚去世时,居然没有引起任何人的重视,没有一个人按照当地习俗为他的逝世写一首哀诗。

于是,人们自然会提出"莎士比亚真有其人吗"这样的疑问:以演员威廉·莎士比亚的名字发表的那些惊世之作,究竟是他本人写的,还是别人创作后用这一假托的笔名发表的。即使像拜伦、狄更斯这样的大作家也怀疑莎士比亚是否写过那些杰作。"莎士比亚真伪之谜"是一个争论了几个世纪的未解之谜。

在文化史界，有人认为莎剧的真正作者是英国的伊丽莎白女王，"莎士比亚"只是伊丽莎白女王假借的名字。莎士比亚戏剧中的许多主角所处的环境与女王本人颇具相似之处，女王知识广博，语词丰富多样，说话机智善辩，所以反映在莎剧作品中的单词数量达 21000 多个，一般的人显然难以做到这一点。同时，在伊丽莎白女王去世的 1603 年以后，以"莎士比亚"为名发表的作品数量明显下降，在质量上也较前大为逊色，人们设想这些很可能是女王早期的不成熟之作，而在她死后由别人收集、整理后出版的。凑巧的是，莎士比亚第一本戏剧集的出版者潘勃鲁克伯爵夫人，恰恰又是伊丽莎白女王的挚友亲信和遗嘱执行者。专家们认为，通观莎士比亚作品的精彩语言与丰富剧情内容，只有伊丽莎白女王才具有那些杰作的作者所特有的广博的学识、凝练的语言和对于人们感情意志的高度洞察力。

莎剧的真正作者应当是英国著名哲学家弗兰西斯·培根。这是另一些学者针锋相对的见解。把哲学家培根的笔记内容和莎士比亚初版作品比较分析，两者有难以想象的相似之处。莎剧上至天文地理，外及异邦他国，内涉皇朝富闻，通达古今，精深博大，出身卑微并且从未踏进大学门槛的普通演员是不可能写作完成的。作者艺术功底深，生活感觉广，剧本情节生动感人，语言准确优美，全景式描绘了当时英国封建制度解体和资本主义兴起时期各种社会力量的冲突，提倡个性解放，反对封建束缚和神权桎梏，人物栩栩如生，久演不衰。这种传世之作应当出于造诣精深的哲人培根之手更合乎情理。

莎士比亚所处时代正是英国伊丽莎白王朝政治、宗教的变化动荡时期，上流社会和达官显贵认为编剧演戏为有伤风化的耻事。但是，在剑桥大学和牛津大学的知识分子阶层仍有一些学者暗地里写戏演戏。迫于社会压力和公众的舆论指责。剧本的撰稿者就虚构了一个"莎士比亚"的笔名。与同时代的其他学者相比，弗兰西斯·培根文才出众、阅历丰富、善于思考、勤奋攻读，理所当然是这些作品的执笔人。

莎士比亚作品的真正主人究竟是谁？是伊丽莎白女王，还是哲学家培根，或者有其他人选，不得而知。

莎士比亚诗中的"黑肤夫人"究竟是谁？

十四行诗是莎士比亚留给人类的重要文学遗产，围绕这部著作，人们提出了种种疑问：最初出版是否出于莎氏本人的意愿？卷首献辞中的 Mr. W. H. 到底是谁？诗中的年轻朋友、情敌诗人和黑肤夫人是否实有其人，他们是谁?

在所有这些有争议的问题中，无疑要数"黑肤夫人"这个谜最引人注目、最富浪漫色彩了。的确，这位夫人年轻，擅长音乐，黑头发、黑眼睛，甚至是黑皮肤，具有一种特殊的魅力；在爱情上她却不够忠实，轻浮放荡，既欺骗了自己的丈夫，又背叛了情人，暗中投入诗人的朋友、那个英俊青年的怀抱。莎氏在诗中对她寄托了很深的感情，总是萦绕在诗人的心头，对她的热情一生都没有冷却过，而是一直在塑造她的形象。在诗人的笔下，她简直成了真正的倾国倾城的绝代美人。对这样一位充满诱惑力的美人，自然引起后世研究家们的极大兴趣，并努力在现实生活中去寻找这个真人。在几百年的长期考证研究过程中，人们提出的黑肤夫人的原型人选不下七八名，但似乎还没有真正找到这位具有独特风格的女人。

18世纪的莎氏全集编者马龙开始寻找诗人的这个情人，他认为这个"黑肤夫人"就是当时的英国女王伊丽莎白一世，并提出了许多论据。莎氏在不少作品中无保留地歌唱了自己的时代，并在伊丽莎白女王身上寄托了作者对贤明君主的理想。马龙的同时代人卡尔迈认为："很明显，所有十四行诗都是写给伊丽莎白女王的。"从莎士比亚劝他的可爱的女王朋友结婚生子，以及伊丽莎白此时已超过60岁等事实都没有使诗人感到为难来

看，诗人和女王的私人关系是很好的，因此女王很可能就是"黑肤夫人"的原型。

有的研究者从1594年出版的《威罗比，他的艾薇姗》一书中发现了新线索，认为达夫南特的母亲可能就是十四行诗中的迷人的"黑肤夫人"。书中的故事主要讲一个客栈老板的妻子如何拒绝许多求爱者，而只把爱托付给一位熟悉的朋友 W.S，莎士比亚的名字正好是 William Shakespeare。据传说，莎氏往返斯特拉特福和伦敦的途中，往往住在一个酒商开的客栈里，时间一长便成了这家人的朋友，漂亮的客栈夫人对他特别殷勤，其儿子（后来成为17世纪著名戏剧家、桂冠诗人达夫南特）和莎氏也有着特殊的感情。据莎士比亚最初的传记作者奥伯雷记述，达夫南特本人在醉酒时常常在人面前暗示自己可能是莎士比亚的私生子，并以此感到光荣。为此，一些评论家就作出了上述的猜想。但后来著名的莎学评论家威尔逊提出了疑问："达夫南特是1606年生，而事实上酒商1605年前还没有得到开业执照，这样时间对十四行诗中的事件来说是太晚了。"

19世纪名学者 W.约丹根据十四行诗第130首中"我的情人当她走路时，是脚踏实地"这句话推断"她一定是扁平足"；根据她的音乐才能和擅长卖弄风情，以及其他线索，约丹得出这样的结论：黑夫人来自西印度

殖民地。出生于西印度群岛的欧洲人后裔，带有非洲血统，可能是黑人和白人的混血儿，或是白人与混血儿生的。这种说法一直延续到1933年。同年，莎学家G.B.哈里森又提出一个实有其人的女人。那就是住在伦敦的黑人露茜，一个伺候朝臣贵族和富家的妓女。1964年，P.昆奈尔也附和此说，认为"黑夫人不是宫廷中的贵妇……而是一个出名的宫妓，诨名叫'黑人露茜'，她的黑色面貌受到人们赞美。另一方面，莎士比亚告诉我们，在欺骗他和勾引他的朋友之外，她也不忠实于她的枕边盟誓。因此，我们或者可以指出她是某个富商的妻子。"

也有少数批评家根据莎氏特别钟情于"黑肤夫人"的事实，证明这位令人销魂的女子不是别人，就是莎士比亚自己的妻子安娜·哈莎薇，称她为"可怜的安娜"，或"斯特拉特福的美人"。

有一种现象不容否认，就是在莎诗研究中存在着把诗中所写的都当做真人真事的倾向，爱到历史资料中去探本求源，寻找这个真人。当然，莎氏的不少作品都有历史事实作依据，但并非全部如此，更何况现实和文学形象是有很大区别的。这种在文艺研究中探本究源、穿凿附会的做法，是不足取的。迈凯尔说过："花在这方面的所有劳动纯粹是浪费。"莎诗编者布斯也说："不必再去举例说明

了。"总之，不管这位"黑肤夫人"是实有其人。还是幻想中的产物，这个美人之谜恐怕永远也无法解开了，诚如20世纪初莎学专家道顿所说："我们永远不会发现这个女人的名字。"

托尔斯泰耄耋之年因何出走？

托尔斯泰是举世闻名的俄国批判现实主义作家。他1828年出生于俄罗斯一个古老的贵族世家，排行老四。母亲是俄国著名诗人普希金的远亲，文化修养极高，通晓法语、德语、英语与意大利语。虽然在托尔斯泰牙牙学语时母亲就去世了，但是她营造了浓厚的家庭文化氛围。母亲还在托尔斯泰没出世之前，就为他的3个哥哥聘请了很好的家庭教师。在大哥的启蒙下，从很小起托尔斯泰就会背诵普希金的诗，后来又接触了许多文学名著。

托尔斯泰一生著作甚丰，1852年，他创作了自己的处女作《童年》，小说一经发表后，立刻引起文坛极大轰动。之后托尔斯泰便投入《战争与和平》的创作之中，直到1869年秋，这一里程碑式的作品才宣告完成。小说刚出版不久便销售一空，托尔斯泰也赢得了世界声誉。

1873年，托尔斯泰开始了他的另

一部文学巨著——《安娜·卡列尼娜》的创作。在这部使他获得"艺术之神"称号的作品中,作者已经将批判的笔锋指向了整个封建社会。托尔斯泰非常同情俄国下层社会,面对在苦难海洋中挣扎的百姓,心里充满了不安与焦愁;他主动放弃了贵族爵位,还辞去了贵族长职务。小说《复活》是作家对沙皇统治下的俄国社会批判得最全面、最有力、最深刻的一部巨著,作者也对受辱的下层人民再次表现了最深切的同情。

1910 年 11 月,托尔斯泰已经是82 岁高龄。这位成绩卓著的老人,在秋雨绵绵的夜晚悄然告别家乡,独自出走。几天之后,他终因身体虚弱,病逝在一个小火车站站长家里。托尔斯泰为什么要为自己值得骄傲的一生,画上一个如此悲凉的句号?

有人认为托尔斯泰的妻子索菲亚应该对此负责。托尔斯泰与索菲亚1862 年结婚,夫妻感情一直很好,曾被当时俄国文坛传为佳话。但从 19 世纪 80 年代起,托尔斯泰已经不满足于用小说来批判俄国社会,决心以实际行动全盘否定并改变了自己过去的贵族生活方式。他打算解散自己的庄园,把财产分给穷人,而妻子对此并不赞同,夫妻不和日益发展。1910 年夏天,托尔斯泰又背着家人立了一份遗嘱,其中强调:他的作品交给大众,并在今后无偿出版。索菲亚从丈夫日记中发现此事,并与托尔斯泰开

始争吵。出走前夜,作家发现妻子在家中秘密寻找那份遗嘱,十分震怒。凌晨,他在医生陪同下悄然离去。

然而另一部分人认为,把作家出走的主要原因加在他妻子身上是不公正的。虽然索菲亚在思想上难以和丈夫保持一致,在实际中也难以接受放弃庄园、财产的想法,但两人毕竟相濡以沫多年;托尔斯泰出走前不久还说:"我觉得没有你,我根本不能活下去。"由此看来,托尔斯泰出走主要并非因为夫妻不和,而是另有原委。实际上是一个叫切尔特科夫的人导演了托尔斯泰的悲剧。

托尔斯泰早在写完《安娜·卡列尼娜》之后,世界观就发生了剧变,形成了以"放弃私有财产"为核心的托尔斯泰主义。这表现在具体行动上就是,他开始过简朴的生活,从事体力劳动,注意接近农民。后来托尔斯泰结识了切尔特科夫,深受其影响。切尔特科夫还介入了托尔斯泰的家庭生活和私人事务,他从"放弃私产"的原则推导出"非版权所有"的主张,并且草拟了一份关于文学遗产继承权的最后遗嘱,让作家签字。遗嘱主要内容是:托尔斯泰的一切文稿、文著、日记、信件,全部由其小女儿萨莎继承,并移交给切尔特科夫出版。因为遗嘱事关家庭以后的经济来源,而索菲娅又不知道其中内容,因此她对切尔特科夫非常反感,她曾经说过:"我的一切不幸都是从切尔特

科夫来访开始的。"而切尔特科夫也显然对索菲亚"印象不佳",曾对托尔斯泰说:"要是我有像你这样的妻子,我早就逃到美洲去了,或者自杀了。"显然,话里含有挑拨和教唆的味道。

托尔斯泰出走的具体原因,也许谁都说不清楚。但是以上两种不同的意见,使我们看到了一个共同的地方:托尔斯泰晚年内心十分矛盾痛苦。他思想上同情社会底层,而自己却身处生活优裕的上层;他能够有力地批判现实,却无力改变现实。他最终以出走的方式,来减少内心痛苦,回归于自己的理想。为此,他付出了生命的代价。

拉索是一个保守的作曲家吗?

提及意大利作曲家拉索,一般的音乐爱好者非常熟悉他的无伴奏合唱曲《回声》,可是拉索在音乐史上的地位并非是以此曲奠定的。拉索是文艺复兴时期最伟大的音乐家之一,佛莱芒乐派的传统在这位高大人物身上达到了顶峰,意大利人称他为世界性的人物,他的艺术成就是一个半世纪佛莱芒复调音乐的顶点。它们集中体现了文艺复兴时期音乐成就的神韵和光辉。在他的墓碑铭文上写的是:"这里安卧着拉索,他使困乏的世界

清醒,世界的不谐和在他的和声中运动着。"

奥兰多·迪·拉索(1532~1594年)出生在比利时的蒙斯(当时是法属尼德兰地区),他的名字以多种形式出现,其音乐生涯从孩提时代便开始了,作为当地尼古拉教堂合唱团的男孩。他的嗓音非常优美。正是由于他的音乐天赋,以致后来被一个到处搜寻年轻音乐家的意大利贵族拐走了。他被弄到西西里总督府,服务于贡扎加的费迪南公爵,在最初的音乐经历中,他漫游意大利艺术胜地,从曼杜瓦到米兰,从那不勒斯到帕勒莫;21岁时便成了享有"罗马和世上所有教堂之母"之称的圣约翰·拉特兰教堂的合唱团领班。1554年,他从意大利来到安特卫普,在那里出版了他的第一本重要著作《安特卫普圣歌篇》,这是一本著名的17首无伴奏圣歌集。不久拉索又有了一生中最重要的一位保护人,即巴伐利亚的阿尔伯特公爵,从此拉索到了慕尼黑的宫廷,这位公爵大人使他名声鹊起。拉索的声誉从此传遍欧洲。拉索的黄金时代自此开始了。他从一个乡下人成为一个有地位的上等人乃至贵族。他在巴伐利亚宫廷娶了一位贵族小姐,他们的4个儿子后来都成了音乐家。他死后,儿子们出版了他的歌集《音乐大全》,因而,在音乐史上,拉索较之后来的李斯特,在事业和生活上要春风得意得多。

关于拉索的创作原则和创作风格，音乐界有着不同的观点。权威的《新格罗夫音乐及音乐家辞典》认为拉索同帕勒斯特里纳一样，是一位保守的音乐家。研究文艺复兴音乐史的专家霍尔德·布朗的观点正相反。还有些人认为他两种风格兼而有之，或者说他完全超越了纯宗教音乐的创作原则。

持第一种观点的学者认为，如果把拉索同帕勒斯特里纳作一个比较的话，两人有许多共同之处：他们都是虔诚的天主教徒，在音乐创作上都有着无穷的天赋和天衣无缝的技巧，并且都醉心于使用这种技巧和创作原则；也许是他们的地位决定了其创作上的保守，他们的许多风格相同，如频繁地使用三度跳和以一度来解决装饰音等。另外，二人的作品主要是圣乐，帕勒斯特里纳的作品是清一色的圣乐，拉索尽管周游列国，但一生留下的作品如 52 首弥撒曲、100 首圣母颂以及 1200 首经文歌等，大都也是圣乐作品，仅从这方面而言，他是保守的作曲家就能令一般的音乐爱好者信服。然而专门研究文艺复兴音乐史的人则更多地从其创作风格方面理解这一观点。

许多持相反观点的人，认为拉索不是一个保守的音乐家。在许多方面，拉索与帕勒斯特里纳是不同的，二人同样可做一个比较：在当时法属尼兰德出生、在意大利受音乐教育而在德意志创作的拉索简直是一个世界性的人物。而帕勒斯特里纳"足不出户"，一生几乎未曾离开过罗马甚至罗马的教堂；后者的音乐集中体现了天主教音乐的风格，他本人是反宗教改革派音乐家的典范，然而拉索的艺术包罗了文艺复兴时期音乐的各种风格特点，如法国的香颂歌曲的优雅和技巧，意大利牧歌的美感及德国音乐的深刻和细腻。在对生活的感受方面，拉索甚至超过同代的佛莱芒大画家皮埃特·勃鲁盖尔，其音乐色彩辉煌，充满激情，某些动人的世俗歌曲中的歌词即便"对今日音乐厅而言，色情味也太重"，这反映了文艺复兴时期的人文主义倾向和浪漫主义的潮流。在创作法则上，帕勒斯特里纳严格遵循传统的天主教会倡导的法则，拉索则更多地采取"新艺术"创作原则，如导音的使用等。从许多方面看，拉索并非是保守的作曲家，他的创作反映了一个新时代，充溢着浪漫主义的气息，《不列颠百科全书》亦持这一观点。

还有的认为，从时代而言，纵观整个音乐史，拉索是一个超越时代的作曲家，他不反对传统的音乐却创作了违背传统的世俗音乐；他并不醉心于"新艺术"理论、不与新音乐流派合流却制作了超越时代的作品。有关资料证实：拉索是一个虔诚的天主教徒，但他并没有反宗教改革的热情。仅凭这一点，就反映了他对于圣乐创作立场的不坚定性。生活在反宗教改革时代的拉索正处于他才华横溢、事业蒸蒸日上的时期,他不仅没有反宗教改革的热情,相反还受到宗教改革和人文主义新思想的影响,如他的作品有的表达了对德意志宗教改革的赞赏。在新教中心罗切尔(胡格诺教中心)、伦敦和海德堡,出版的拉索的音乐作品很合新教派的口味,它们在英格兰备受欢迎;他的香颂歌曲为莎士比亚的《亨利四世》引用(在第二幕)。由于阿尔伯特公爵过分宠爱他,所以这些有违天主教圣乐原则的作品才得以出版流行;当老公爵死后,新的保护人尽管他很欣赏拉索的才华,但却反对他超越的立场,所以拉索渐渐失宠。拉索是一位天主教作曲家,创作的圣乐是其作品中数量最多的,但他的音乐风格特别是俗乐却受到新时代的影响,反过来,它们也影响着整个时代。他进入宫廷和教堂后创作了不少不朽杰作,这些作品冲出了封闭的教堂;可以说这位"音乐王子"是那个时代作曲家的典范,但他又超越了那个时代。

在拉索身上还有很多很多的谜,这些谜同对拉索是否是保守作曲家争论一样让世人迷惑不解。

《第十交响乐》是贝多芬创作的吗?

凡欣赏过贝多芬作品的人,无不为他那优雅的奏鸣曲所陶醉,为他那巨人般的交响乐所震撼。贝多芬作品的中心思想是交响性的。1800年4月2日演奏的《第一交响乐》被认为"在某些技术方面虽同18世纪的交响乐风格有密切关系,……但每一乐章都是独创的,处处都潜伏着(伟大的)贝多芬的因素"。1802年创作的《第二交响乐》比《第一交响乐》更有气魄,显示出清明恬静、胸襟宽广的意境。同年创作的《第三交响乐》,又名《英雄交响乐》,被认为是"新思想的缩影,是文艺中不可思议的伟绩之一,是一个作曲家在交响乐的历史和一般音乐史上迈出的最伟大的一步"。著名的翻译家傅雷在《贝多芬的作品及其精神》一文中赞叹它是巨大的迷宫,深密的丛林,剧烈的对照,不但是音乐史上划时代的建筑,亦且是空前绝后的"史诗"。1806年创作的《第四交响乐》是贝多芬和勃仑斯维克订婚的一年,在这件可爱的作品中,泄露了他爱情的欢欣。《第五交响乐》,人称《命运交响乐》,它写了整整3年,音乐评论家们认为。它永远是交响逻辑的完美的典范。在全部交响乐中,这是结构最谨严,部分最均衡,内容最凝练的一阕。《第六交响乐》创作于1807~1808年,又名《田园交响乐》。这是一部真正的古典交响乐。这阕献给大自然的颂歌,以深邃的平和、恬静的节奏、平稳的转调,使听者充满了语言难以形容的安谧和清香。第七、第八交响乐创作于 1812 年，两者形成鲜明的对比，前者以奔腾兴奋的气氛表现了酒神节大规模的欢乐场面；后者似乎是一篇幽默的小品文，"像儿童一般，他作着音响的游戏"，仿佛是对交响乐的嘲弄。1823 年，也就是创作完《第八交响乐》的 11 年之后，贝多芬推出了《第九交响乐》，音乐史家把这阕公认为是贝多芬将他过去在音乐方面成就的一个综合。

贝多芬是否写过《第十交响乐》，这一直是萦绕在音乐史家们心中的一个谜。法国大作家罗曼·罗兰的《贝多芬传》一书曾经记述，贝多芬在 1824 年 9 月 17 日致苏脱兄弟信中这样写道："艺术之神还不愿死亡把我带走；因为我还负欠甚多！在我出发去天国之前，必得把精灵启示我而要完成的东西留给后人，我觉得我才开始写了几个音符。"他的未来计划中有《第十交响乐》。1827 年 3 月 18 日他在写给其秘书莫希尔斯的信中说："初稿全部写成的一部交响乐和一支前奏曲放在我的书桌上。"但这部初稿一直未被发现。朗格倾向于认为贝多芬并未写《第十交响乐》，因为在创作《庄严弥撒曲》和《第九交响乐》时。他已开始认识到自己已经达到大型音乐结构的极限。他以前所耕耘的一切音乐体裁的领域都已达到它们的终点，他的攻城槌已经没有冲击的对象了。

1988 年 10 月 8 日，在伦敦举行的音乐会上奏出的贝多芬《第十交响乐》，这首全曲只有 14 分钟的交响乐，轰动了世界。这是谁的发现，抑或是后人的伪作，这是首次听到这阕交响乐听众的第一个反应。苏格兰音乐家巴里·库珀极度兴奋地挥着乐谱告诉记者："你们瞧，一切都是真正属于贝多芬的。我惟一的功劳就是辨认了这些谱表。我把它作了调整和补充，就像贝多芬本来就会这样做的那样。在这方面我是很在行的。因为我是一名音乐学教授"。早在 1983 年，34 岁的库珀正准备写一本题为《贝多芬的创作过程》的著作，他在柏林钻进了普鲁士文物国家图书馆，他非常艰难地辨认了贝多芬乱涂乱写的音符。有一页纸上标明是"交响乐"，其他一些纸片是奏鸣曲和四重奏的初稿，某些主调就在那几张谱表上。这位音乐家称自己"在可以辨认的一堆杂乱的字迹中。我能分辨出这是有目的、有步骤地写下的《第十交响乐》的谱表"。

库珀的见解是可以找到根据的。贝多芬在 1818 年笔记上曾写道："用 Andante 写的 Cantigue——用古音阶写的宗教歌，或是用独立的形式，或是作为一支追逸曲的引子。这部交响乐的特点是引进歌唱。或者用在终局，或从 Adagio 起就插入。乐队中小提琴……等都当特别加强最后几段的力量。歌唱开始时一个一个地，或在最后几段中复唱 Adagio——Adagio 的歌词用一个希腊神话或宗教颂歌，Allegro 则用酒神庆祝的形式。"罗曼·罗兰由此推论，以合唱终局的计划是预备用在第十而非第九交响乐的。后来贝多芬又说要在《第十交响乐》中，把现代世界和古代世界调和起来，像歌德在第二部《浮士德》中所尝试的。晚年贝多芬十分孤独，病魔缠身。英国皇家爱乐乐团从伦敦赠送给他 100 英镑作为医药费，贝多芬告诉爱乐乐团，为了感谢，他将把《第十交响乐》奉献给他。这是当时为感谢对艺术事业资助者的一种传统办法。自 1822 年以来，贝多芬由于要给维也纳宫廷写三重奏和四重奏而一直未能完成，但他一直没有间断过第十交响乐的构思。据贝多芬的一位音乐家密友赫尔茨说，他曾听过钢琴弹奏《第十交响乐》的第一乐章，"降 E 大调的序曲非常柔和，然后是 C 小调有力快板"。这和巴里·库珀找到的谱表的片断确实是完全吻合的。

关于《第十交响乐》的归属之谜在真相大白之前，人们可以尽情地享受着贝多芬这位伟大的音乐天才给我们创造的音乐盛宴。

"月光奏鸣曲"究竟从何而得名？

每当从收音机中或钢琴上传来那轻柔、飘渺的"月光奏鸣曲"的美妙旋律时，许多音乐爱好者的眼前便会浮现出"碧天如水夜云轻"、"天街夜色凉如水"等诗般幽美的夜景；特别在夜深人静之时聆听，更会产生这般感觉。但是听者中恐怕还有不少人并不知道，贝多芬的这首著名钢琴曲，原来并没有"月光"这个标题，它的正式名字应该是"升 C 小调钢琴奏鸣曲"。那么，究竟是何人，又为何加上了这样一个美妙的标题呢？

说法是很多的。其中，流传得最为广泛的一个是：某晚，贝多芬在莱茵河畔的某一小镇散步，听到一间破旧房子中有人正在弹奏着自己所写的一首曲子，还听到弹奏者（一位女子）边弹边与另一人叹息着自己因无力购买音乐会的门票去聆听贝多芬本人的演奏而深感惋惜……贝多芬大受感动，便推门而入，走到钢琴前为他们——一个鞋匠与他的盲妹妹弹奏了刚才的那首曲子。一曲弹完，他余情未尽，便又即兴弹起了一首新曲。这时正好月光如水，照得满屋皆白。贝多芬的乐曲也就照着此情此景驰骋了起来。弹完后，他飞奔回住所，连夜把刚才即兴所弹之曲记录、整理了出来，便为"月光奏鸣曲"。这一故事现在几乎传遍了全世界，甚至许多国家（其中也包括我国）的小学语文课本都把它收作了课文。

另一略为相似的传说是：某晚，贝多芬在维也纳郊外的林中散步，偶过一贵族别墅，便信步走进想作片刻休息。谁知里面正在举行盛大歌舞晚会。人们发现了贝多芬后便一致盛情邀请他即席演奏。贝多芬慨然允诺。这时，皎洁的月光照入大厅，贝多芬和钢琴沐浴在这银光之中，音乐家因此而灵感大发，即兴弹奏了一首美妙的乐曲。回去后加以整理，便写出了"月光奏鸣曲"。某位名画家还根据此事画成了一幅油画，在世界上也很闻名。

这两个传闻在情节上虽有很大出入，但有一点却是共同的：贝多芬是受了月光的启发而即兴创作的。，但许多音乐史家研究、考证后都证明实际上并无上述两事。贝多芬虽有即兴作曲之才，但这首曲子却不是即兴之作，而是经过了艰苦的劳动才创作出来的，那反复修改涂抹的手稿便是一个有力的证明。

因此，有些音乐史家根据这首曲子第一版扉页上的献辞："献给朱丽叶塔·基恰尔弟"，提出了另一些解释。一说贝多芬与其女弟子朱丽叶塔热恋时曾经常在月夜下的林中散步，贝多芬是在恋人温柔的爱情与美丽的月光的激发下创作出这首曲子，并把它题献给自己的恋人的。一年多前在我国放映过的电影《永恒的情人》中就有这样的内容；我国艺术家丰子恺也有类似的看法，他认为是贝多芬的"诉衷情曲"，但对贝多芬深有研究的著名作家罗曼·罗兰却认为此曲不是

贝多芬的热恋之作，而是失恋之作，而且内容与月光也根本无关，所表现的是他当时内心深处痛苦、悲愤、绝望及对昔日恋情的留恋等复杂感情。但有些音乐史家指出，这首曲子作于1801年，此时正是贝、朱热恋之时，而后来朱丽叶塔因受贵族家庭压力被迫另嫁他人是一年多之后的事情，因此1801年贝多芬怎么会写出"失恋之作"呢？后来又有人查明：贝多芬的这首奏鸣曲原先也并不是打算献给朱丽叶塔的，而是因为原先答应献给朱丽叶塔的一首"G大调轮回曲"，不知为何被一位公爵夫人要了去，贝多芬为了不食前言才改送他新创作的这首钢琴曲的。因此这首曲子也未必与朱丽叶塔的月光下散步有关。

但是，有不少音乐家或评论家还是坚持这首曲子主要是表现月光的，他们甚至作出了相当具体的描写：第一乐章为"月之初升"；第二乐章为"朗月之悬太清"；第三乐章为"午夜之狂飙"……其代表者便是德国诗人、音乐评论家、著名的舒伯特小夜曲的词作者雷尔斯塔布。他听了这首乐曲的演奏后，凭他那诗人的丰富想象力，首先用诗一般的语言描绘出上面所说的那些意境和感受。以后那些流传甚广的与月光有关的传说故事，以及不知哪位出版商为了打开曲谱销路而乘机加上"月光"这个标题，大概都多少受到雷尔斯塔布的影响。

不过，反对这首钢琴奏鸣曲是表现月光的人也不少。他们都根据自己的理解和感受对乐曲进行了解释：有人说它是"少女为生病的父亲的祈祷"；有人说它描绘了一幅带有圆亭的美丽风景；有人则说它表现了阴郁的、狂暴的、悲剧性的情绪或无限的愁思和惆怅的回忆……

那么，贝多芬本人生前对这首曲子又作了些什么表示呢？除了第一版扉页上的献辞外，他还在全曲前加上了两个音乐表现术语："近乎幻想地"和"非常纤细地弹奏"，并且还说过他自己并不认为这首很著名的钢琴曲是他最好的钢琴作品。然而，他对别人后来加上的"月光"这个标题及与月光有关的传说也没有表示过不满或反对。因此，贝多芬在创作这首曲子时到底是如何构思的，到底想表现什么，除了他本人外，也就没有任何人能肯定地说清楚了。这也就为后来的音乐家、评论家和听众留下了广阔的想象余地。

但不管怎样，有一个事实却是无可否认的，那就是这首钢琴曲从它诞生的那一天起，就由于其意境深远，感情丰富，结构巧妙，指法流畅而大受演奏家和听众的欢迎，并以"月光奏鸣曲"之名传遍了全世界，许多人聆听时都产生过对月夜的联想。因此，又有谁能断言贝多芬在创作这首曲子时就一定与月光没有关系呢？

米开朗基罗的创作天才缘于他的"怪癖"吗？

意大利文艺复兴时期出现过一位多才多艺的巨人。他不仅是伟大的雕刻家、画家，而且也是一位杰出的建筑家和诗人。这个人就是米开朗基罗。

米开朗基罗是欧洲文艺复兴时期雕塑艺术上最具代表性的人物，他创作的人物雕像气魄宏大，雄伟健壮，蕴含着无穷的力量。他的大量作品显示了写实基础上非同寻常的理想加工，典型地象征了当时的整个时代。但是生活中的米开朗基罗却给人以"怪人"的感觉。

年轻时的米开朗基罗因酷爱学习而陷入了绝对的孤独。别人都把他看成一个孤芳自赏、性格乖僻、疯疯癫癫的人物。米开朗基罗总是表现得举止粗俗，与社会格格不入，社交活动总使他感到腻烦。这与达·芬奇的相貌堂堂、举止优雅、风度翩翩、受到上流社会人士的喜爱形成鲜明的对照。他只和几位严肃的人士来往，没有其他朋友。他终身未婚，生平只爱过著名的德·贝斯凯尔侯爵夫人维多利阳·柯罗娜，然而却是一种柏拉图式的恋爱。

米开朗基罗创作时需要绝对的孤独是他的又一个怪异之处，只要旁边有一个人在场，就能将他的情绪完全扰乱。他必须获得一种与世隔绝之感，方能得心应手地工作。为身边琐事所纠缠，对于他来说简直是种折磨。

在他塑造的成千上万的人物形象之中，他没有遗忘过一个。他说，只有预先回忆一下以前是否用过这个形象，然后才能决定是否让人动手勾画草图。因此，在他笔下，从来没有重复现象。在艺术上他表现出让人难以想象的多疑和苛求。他亲手为自己制造锯子、雕刀，不管是什么细枝末节，他都不信任别人。

米开朗基罗追求完美有时达到苛刻的程度，一旦他在一件雕像中发现有错，他就将整个作品放弃，转而另雕一块石头。这种追求完美的理想使他毁掉了不少成型的作品，甚至在他的才华达到炉火纯青的地步时，他所完成的雕像也并不多。有一次，他在一刹那间失去了耐心，竟打碎了一座几乎竣工的巨大群像，这是一座名叫《哀悼基督》的雕像。

米开朗基罗一生孜孜以求，从不懈怠。一天，红衣主教法尔耐兹在斗兽场附近与这位已是风烛残年的老人在雪地里相见了，主教停下车子，问道："在这样的鬼天气，这样的高龄，你还出门上哪去？""上学院去。"他答复道，"想努力一把学点东西。"

骑士利翁纳是米开朗基罗的门徒，他曾把米开朗基罗的肖像刻在一块纪念碑上，当他向米开朗基罗征求意见，问他想在阴面刻上什么的时候，米开朗基罗请他刻上一个盲人，前面由一只狗引路并加上下面的题词：我将以你的道路去启示有罪之人，于是不贞洁的心灵都将皈依于你。

很多艺术家都有怪癖，米开朗基罗的性格也确实十分独特。这位伟大的艺术家的创作真的得益于他独特的性格吗？可能吧，但也可能毫无关系，希望有一天我们能够弄明白。

蒙娜·丽莎的微笑为何神秘莫测？

意大利文艺复兴运动代表人物、艺术大师达·芬奇有一幅名画：《蒙娜·丽莎》，通过画中人的面部表情，尤其是嘴角浮现出来的永恒的微笑，显示出了一种不朽的艺术魅力。此画现悬挂在巴黎卢浮宫的一间正方形大厅内，吸引着来自世界各地的参观者。

《蒙娜·丽莎》魅力无法阻挡。拿破仑曾将《蒙娜·丽莎》挂在卧室中，每天早晚都要独自欣赏多次，有时面对画中人竟然伫立一天半日，被迷得如痴如醉。戴高乐总统在遇有棘手问题或心绪不宁时，便驱车前往卢浮宫赏画，当他从《蒙娜·丽莎》殿厅走出来时，令人惊奇的是，原先的烦恼早已烟消云散,而是神采奕奕,春风满面。

《蒙娜·丽莎》这幅名画,又称作"微笑",画中的蒙娜·丽莎的微笑充满了神秘莫测。但是,达·芬奇笔下的蒙娜·丽莎却是实有其人的。她是佛罗伦萨一位富有的女市民。达·芬奇刚开始为她画像时,她年仅24岁。据说,在这之前不久,蒙娜·丽莎心爱的女儿刚刚去世,因此她整天愁眉苦脸,闷闷不乐。为了唤起模特儿发自内心的微笑,画家一边为她画像,一边请人在她身边奏乐,如此这般千方百计地引出这位美人的一刹那的微笑,仿佛稍纵即逝。这微笑似乎是从脸上掠过似的,既显示了她内心的激动,又没有失去安详的表情,显露了人物内心深处微妙的心理活动,引人遐想,令人神往。

蒙娜·丽莎的微笑,有时让你觉得温文尔雅,令人陶醉;有时仿佛内含哀愁,似显凄楚;有时又略呈揶揄之状,虽则美丽动人却又有点不可接近……自从《蒙娜·丽莎》问世几百年来,人们在她面前品味着、揣测着、争辩着,神秘莫测,令人百思不得其解。

有的学者如美术史学家詹森,从美学角度指出,这一神秘微笑的造成是因为作者力图要在一个个性非常具体的人物身上,创造出他理想化了的美的典型,力图要使一闪即逝的面部表情,成为一种喜悦的永恒的象征,正是这种矛盾的结合产生了令人觉得出奇的客观效果。

有的画家则从绘画技巧上进行探讨,说达·芬奇为这个坐在阳台上的少妇,设置了一幅透视不一的背影,当人们的视线集中在左边,感到远景下降而人物上升;反之,当人们集中到右边看时,觉得远景上升而人物下降。画像中的人物五官,其位置亦在游移不定之中。加上作者把体现人的笑容的嘴角、眼角部位,又画得若隐若现,界线不甚分明,这就使得画中主人公的微笑颇费猜疑。

有的研究者从医学角度,别出心裁地研究了蒙娜·丽莎的"生理状况",认定她患有内斜视,甚至发现她右下脸上有一霰粒肿。而现代派画家迪费则坚持认为蒙娜·丽莎应是有胡须的。为此他大笔一挥,硬给蒙娜·丽莎嘴上添了两撇八字翘须。令人观后啼笑皆非。

著名的精神分析学说的创始者弗洛伊德则将此问题同达·芬奇的母亲联系起来。他认为,画家由于离别生母,多年来随父与继母生活,不免思母之情甚切,他从"蒙娜·丽莎"模特儿的脸上和嘴唇间发现了他母亲那样的微笑,唤起了他无意识中对母亲的爱,但画家已不能再从那唇上得到亲吻,于是便以高超的画艺把那迷人的美连同他自己的感情全部表现在画布上,以至使那微笑具有诱人的魅力。

需要指出的是，不仅达·芬奇笔下的蒙娜·丽莎的微笑是神秘莫测的，而且有关画中主人公的身份、年龄及该画真品究竟藏在何处，也莫衷一是，众说纷纭，这就使得蒙娜·丽莎的微笑越发显得扑朔迷离了。

格列柯是艺术天才还是狂暴画家？

埃尔·格列柯是 16～17 世纪的著名画家，其神秘的生平，古怪的性格及颇难揣测的艺术作品，一直引起西方绘画界的议论，他到底是个什么样的人物呢？

我们只知道，他真名叫多迈尼柯·西奥多柯波利，于 1541～1548 年生于克里特岛迦基城的一个村子里，此地隶属威尼斯共和国，但文化艺术受拜占庭风格影响。格列柯在此地的生活没有任何线索，后来，他出现于意大利，投师提香门下，并吸收了米开朗基罗等大师的艺术风格，再后来，他离开意大利前往西班牙，原因不明，一种说法认为，他在意大利生活并不如意，想到西班牙去碰碰运气；另一种说法认为，他曾吹嘘自己可以铲掉米开朗基罗的祭坛画《最后的审判》而重新创作，结果触犯众怒，被迫离开意大利。1577 年，他来到西班牙，先到马德里，后来定居于小城托莱多，他选择这样一个小城定居，其意图无人可知。一到西班牙，他便成为一个有争议的人物。托莱多教堂委托他画一幅圣画，他创作了《艾斯波利斯》，对该作品人们评价不一。有人认为此画一文不值，是信手涂抹的；也有人认为，此画价值连城，无法用金钱来衡量，为此还专门成立了评审委员会。

格列柯是否结过婚，说法不一。有些人认为他确曾结过婚，并有儿子名叫乔治·曼努尔；有人认为他终身未娶，教堂里没有其结婚记录，所谓儿子是他和情妇的私生子。格列柯本人形象如何，亦无从得知，他确曾画过自画像，但都没有保留下来，人们只能在其油画中寻找踪迹，但仍未肯定其形象如何。格列柯逝世的情形还算比较清晰，但仍充满神秘色彩。据载：1614 年 4 月 7 日，多迈尼柯·格列柯去世，受过圣礼，葬于桑托·多明戈·艾尔·安蒂古。但其遗骨不久便被人迁走，尸骨神秘消失，至今仍不知他安息何方。

摆在我们面前的便是这样一个神秘人物，他留给我们的只有绘画作品，但正是他独特超群的绘画风格引起后世无尽的争论，使本来已经模糊的格列柯形象更加神秘莫测。一生中，他给后世留下诸如《圣母升天》、《基督被捕》、《艾斯波利斯》、《圣毛里斯的殉道》、《奥尔加斯伯爵的埋葬》等画，他的绘画风格与当时崇尚的现实主义风格大相径庭，他以光线和色彩作为主要表现手段，人物充满着一种敏感、激动的气质，甚至神秘不安的情绪、颤动、激荡而摇曳的光与色呈现于整个画面，并笼罩着一层难解的神秘气息。同时，他画的作品内容亦是一难解之谜，人们搞不懂其确切含义。在《使徒彼得和保罗》中，彼得和保罗都有一双忧郁的大眼睛，他们伸着手，作询问的姿态，像在探索什么，但其含义似乎永远是一个谜。就其《托莱多风景》而言，说是风景，其实，他并非对托莱多风景进行客观描述，而是带有强烈的主观成分。在他眼中，托莱多是悲剧性的，大自然完全改观。天空电闪雷鸣，乌云滚动，同时暗绿色的调子给人以沉重郁闷的感觉，天地混合，给人以眩晕之感。更使人难以理解的是他对人体解剖的理解。他绘画中的人物，从解剖学上看，手指无疑是最正确的了，然而，两腿和躯干却严重比例失调，他崇尚一种细长的身材，头部细小，两腿却很长，甚至有一种踩高跷的不稳定感。这种画风引起诸多争论，基本上可分为3派。

一派高度评价格列柯。西班牙历史学家赛古埃斯说："在他的画中，不仅有艺术，而且有智慧。"前苏联的伊戈尔·多尔格波诺夫评价说："埃尔·格列柯的手法总是清新得不可思议，而且永不过时，它摒弃了平庸的细节，摆脱了哗众取宠，充满着崇高、纯洁的气息和诗意，饱蘸着艺

术家精湛的技艺。"中国的青年艺术史家吕澎亦对格列柯予以高度评价："格列柯的艺术在今天之所以能赢得广泛的赞叹，受到现代画家的青睐，就在于他的艺术是展示艺术家心灵的痉挛、忧愁、痛苦、迷惘的艺术，与其说他经常画基督，不如说他一身都在展示灵魂的悲剧。他的拉长的人体丧失了客体的意义而成了表现内心神秘的符号，狂放导致夸张，怪僻产生变形，所画人物的特征是次要的，触目惊心的是艺术家完全在表现自己的内心。格列柯的艺术之可贵，正在于它是一种用绘画的语言表达心灵的表现性艺术。"现代很多人倾向于称格列柯为近代印象派等现代画派的始祖先驱，这是对其艺术的肯定。

一派则截然相反，极力贬低格列柯，称其作品为精神病的产物。17世纪一位著名批评家胡塞·马尔金尼认为他是一个狂暴的画家，认为他的性格"超出事物的常规"。法国的戈蒂埃则说"他是一个天才的疯子"。很多人说他晚年得了神经病和乱视症，他眼中所见之物已经走形，表现在绘画上则是神经质的乱涂。还有人认为，早年模仿提香时，也获得很大成功，但后来离开意大利后，想故意来一番变化，结果失败了。

还有一派看法认为，对格列柯要一分为二。认为，格列柯绘画既有好的一方面，也有其局限性，虽然他在绘画、技法各方面有其荒唐、扭曲的

一面，但格列柯的作品正反映了西班牙社会的现实，因而有其积极的一面，他说："在西班牙阶级斗争和民族斗争十分激烈的年代。格列柯看到了这个帝国的衰落和崩溃，他发出了叹息，在心中激起了骚动不安的感情，他没有像马德里宫廷画家那样去粉饰现实，掩盖矛盾，而是大胆地把它表现出来，这是他了不起的地方，他在天主教主宰一切的西班牙生活着感到苦闷而又看不到出路，往往把未来和希望寄托在宗教的理想上，这也是可以理解的。"

总之，对格列柯的评价，众说纷纭，时至今日，他仍以神秘的形象萦绕在人们心头。

"歌曲之王" 舒伯特为何终生未婚？

古典音乐大师莫扎特曾言，单身汉的一生只是人生的一半；马丁·路德认为，没有妻子的生活比起没有饮食还要难受。但是著名作曲家、歌曲之王舒伯特却终身未婚。他从未触摸过女性便迅速走完了他 31 个春秋的人生历程。

喜爱音乐的人们，已经十分熟悉音乐会上经常演唱的歌曲如《魔王》、《菩提树》、《鳟鱼》、《死神与少女》、《流浪者》；而舒伯特的九部交响曲中的《C大调交响曲》《未完成交响曲》

更是创造了 19 世纪著名抒情交响曲的新典范，仅仅这两部交响曲便足以奠定他为一流作曲家的地位了。

弗朗兹·舒伯特（1797～1828年）生于维也纳近郊，他是 19 世纪著名大作曲家中惟一一位地道的维也纳人。其祖父是工匠，到了他父亲时，便有了小学校长的职位。舒伯特是十几个兄弟姐妹中侥幸活下来的四人之一，由于音乐天赋极高，4 岁时跟父亲和哥哥分别学习小提琴和钢琴，水平很快超过其父兄。由于他过分热衷于音乐，而从事这一职业的人又是没有地位和金钱的，所以后来其父一度终止了父子关系。这位羞怯而又富于幻想的男孩音乐天赋令同代人叹为观止，有人说他似乎是"直接从上帝那里学习的"，比如他在 1815 年 8 月份一个月的时间里便完成 27 首歌曲，同年共写了 137 首艺术歌曲，两部交响曲，1 首四重奏，4 首奏鸣曲，两首弥撒曲和 5 部歌剧。而在他短短的 31 年里。创作了约有 1500 首的作品，遍及所有的音乐题材和形式，其中包括 634 首艺术歌曲，其艺术价值无后人可比，因而他被后世誉为"歌曲之王"。比如《魔王》的名气大大超过了歌德的同名叙事诗，有人认为，假设舒伯特一生只写此一曲，其他都没有，也足以使他载入音乐史册。一位诗人在双目失明、生命将尽之时，提出的惟一要求便是听一遍《魔王》。本来对舒伯特歌曲不感兴趣的歌德首次听到此曲后，便要求演唱者重唱一遍。后来，李斯特和柏辽兹先后把此曲改编成钢琴曲和管弦乐曲。

本来，舒伯特具有诗人的性格，联想力也相当丰富，他的作品充满了浪漫主义的气息，因而他对爱情也应该更为敏感才是，然而在他短暂的一生中，真正燃烧过爱情火焰的也只有一次。他曾把《少年时期的梦》献给泰蕾莎·格罗普，可是她却轻松地甩掉了舒伯特，嫁给了一位面包师，以确保她的生活；另外一个歌手也与舒伯特有过交往，她也嫁给了一位身份较高的人。

有人把原因归结于舒伯特的相貌。确实作曲家对自己的容貌亦有自知之明。他身材矮小，大腹便便，厚厚的嘴唇，皮肤黝黑，脑门很大，维也纳人叫他"蘑菇"。这样的长相加上他羞怯内向的气质，自然难为女性恭维。传记家们描述他"个子较常人矮，手臂满是肌肉，手指粗而短，脸部圆得像月亮，前额狭小，唇厚，眉毛如杂草；鼻子塌陷，而且上翘，眼睛虽好看，但总是藏在眼镜深处，即使躺在床上，也戴着眼镜"，这样的男人怎么赢得女人芳心呢？

有人把舒伯特不恋爱结婚的原因归因于他的经济状况及他的性格。他一生穷困潦倒，从未过上几天富裕日子。他的一生比莫扎特悲惨得多。在他生活的那个时代，专门作曲的人很难糊口。他不是一位演奏家，无法获

得正式而长久的工作，只靠朋友们接济度日，这种朝不保夕的生活一直维持到最后。虽然他出售了成千上万份作品，但他得到的每每是一顿饭钱，如最著名的那首《摇篮曲》只换了一盘烤土豆，而在他死后这首曲谱在巴黎竟以4万法朗成交。他死后的财产仅是一些衣物、被褥和"一堆价值10个弗罗林（一弗罗林相当于两先令）的旧乐谱"。也许他明白自己可怜的经济地位，所以从未认真考虑过要结婚。

另外，正如从他画像表情上显示出的那样，他不是一个容易博得女人欢心的人。舒伯特性格内向、羞怯而优柔寡断；他虽然也爱欢乐，但只是终日与一帮"舒伯特派"的朋友们相聚。至于爱情，他表现出克制与谨慎，实际上是压抑自己，如他曾恋上匈牙利一贵族之女、他的学生卡罗琳·埃斯特哈赛，但由于他的性格和处境，所以从未做出什么轻率的举动。他们那柏拉图式的"爱情"游戏没有留下何时中断的记载，然而。这位并不忠诚的贵族小姐在还未嫁给陆军少尉去过那"幸福的结婚生活"之前，舒伯特就早已去世了。这场毫无结果的"爱情"只会加深他那"当我想歌唱爱情的时候，它就转向悲伤"的孤独的忧郁。他在日记中曾写道："发现密友的人，是幸福的，但是在妻子身上发现密友的人，更为幸福。今天的自由人，只要想到结婚，就会恐

惧。""不论给予我的是爱情还是友情，全是一种痛苦。"可见他自己并未奢侈得到爱情及爱情的结果。

另外，使舒伯特独身的因素可能是贝多芬的影响。一生未婚的贝多芬是舒伯特心中的偶像，他甚至把贝多芬当做神一样崇拜，他说："有时候我也做过梦，但是在贝多芬之后，谁还能做什么事情呢？"当他第一次带着诚惶诚恐的心情去谒见贝多芬时，却未遇见；直至在贝多芬死前一星期才见过面。在贝多芬的葬礼上，舒伯特是举着火炬送葬的少数人之一。他死后惟一的要求便是想与贝多芬葬在一起，这个愿望最终在1888年才得以实现。贝多芬终生未婚，他在舒伯特那崇高的心灵中，有着一种神秘主义色彩。舒伯特像莫扎特一样预感到自己生命的衰竭，他心目中也许只想到他的同代偶像，而对自己于女性毫无兴趣的生活视为自然而满足，至少他不愿想到结婚。因为在他短暂的一生中，贝多芬的影响确确实实占据了重要的一席。

究竟是哪种原因导致了这位天才作曲家英年早逝的，也许只有这位当事人才能说得清楚吧。

柴可夫斯基到底是怎么死的？

俄国著名音乐大师柴可夫斯基于1893年11月6日凌晨突然死亡，结束了他那瑰丽的一生。这一年，音乐家的个人声誉急剧提高，事业也达到了辉煌的阶段，他的溘然长逝使人们对他的死因充满了好奇。11月18日，柴可夫斯基创作的《第六交响乐》（"悲怆"）第二次公演，取得了巨大的成功。乐曲自始至终的悲剧性的形象和气氛，给人们留下了美好而又深刻的印象。然而，也正是由于作品流露出的这种悲哀痛苦的情绪，使得人们更加关注柴可夫斯基的死因。于是，柴可夫斯基"自杀"立即传为奇闻。但是，事实究竟如何呢？

他创作《第六交响乐》，原意是想献给自己的外甥费拉奇米·达维多夫的。不料命运之神却跟他开了一个大玩笑：这支交响乐的演出竟与他的死紧密相连，并成为他的死因之谜。及至后来，有人发现一份所谓柴可夫斯基写的"秘密标题"的草稿，上面写着：这部交响乐的计划的最终本质是生活。第一部分：全是冲动的热情、信心和渴望活动，必须短；第二部分：爱；第三部分：失望；第四部分：以死亡为终结（也要短）。于是，他们又以此为据，证明柴可夫斯基死于"自杀"是毫无疑问的。

但是，另有一些人认为，虽然柴可夫斯基确实试图自杀，而且他的《第六交响乐》的主题，也是悲剧性的。然而，《第六交响乐》却绝不是作者为自己"自杀"所写的"挽歌"。

因为，1893年这一年，是作者获得极高荣誉的一年，人们怎么也找不出他自杀的理由。5月29日，他到伦敦参加英国剑桥大学音乐社成立50周年纪念大庆。皇家好乐音乐会6月1日又演奏了他的《第四交响乐》，使他获得了国际声誉。6月13日，英国剑桥大学授予他音乐名誉教授。可以说正是这种荣誉带来的喜悦的冲动，才激励着他创作《第六交响乐》，正如他所说，他要在新交响乐中"充分表达这种心情"。由此可见，作者在创作过程中并不存在"自杀"的动因。至于"秘密标题"的草稿，也根本不符合创作的实际情况，因为《第六交响乐》完稿和第一次公演，都是没有标题的。而且当一位朋友建议把它改为"标题交响乐"时，柴可夫斯基曾经一口回绝，并反驳说："既然我不打算提出标题，为什么要叫做'标题交响乐'呢？"甚至他在总谱上写下了"悲怆"的第二天就又改变了主意，立即写信给杰金逊，要求以"作品第6号"发表这部交响乐。这样看来，"秘密标题"草稿，显然是经过了某种程度的篡改，歪曲了作者的原意。

其实，柴可夫斯基应该是死于急病。11月1日傍晚他与朋友共进晚餐，并酗酒直至凌晨2时，次日早晨，他开始失眠，消化不良。午后，喝了一杯生水，从此就一病不起，终于在11月6日不幸逝去。根据彼得堡最优秀医生中的两位佼佼者——勃廷逊兄弟的诊断，柴可夫斯基确实是死于霍乱。

当然，声名显赫的柴可夫斯基是否真是自杀，至今仍然还是一个谜。

俄国诗人叶赛宁是自缢而死吗？

前苏联著名诗人谢尔盖·叶赛宁才华横溢，诗作极受人们的称赞。就是这样一位诗人却在创作的巅峰状态以自缢结束了自己年仅30岁的生命。举世震惊，苏联诗坛从此也少了一位出色的诗人。到底是什么原因，促使诗人最后走上了自我毁灭的绝路？他是出于什么动机自杀的呢？

一种观点：叶赛宁在爱情上的失败是导致他自杀的决定性原因。的确，诗人的爱情生活非常不幸。1921年11月7日，诗人和美国著名舞蹈家邓肯一见钟情，其后迅速陷入热恋之中。两人很快便开始同居。1922年5月10日，二人在办理完结婚登记后，便踏上了去欧美的旅途，开始了他们正式的"蜜月旅行"。正是这次旅行显示出来的各方面的巨大差异，使两人的爱情和婚姻面临着严重危机。出身、年龄、教育、性格方面的差异，尤其是俩人在性格上明显缺乏和谐一致，加上还有一个很严重的语言障碍存在于二人之间，这一切使得他们不能很好地沟通和交流，所以说分手是不可避免的。随后，诗人重新回到旧情人别尼斯拉夫斯卡娅身边，这位善良而多情的姑娘原谅了诗人。但是，非常遗憾的是多情的诗人很快又跌入了另一纷乱的爱情旋涡，促使他在自己的悲剧中又向前走了一步。1925年3月，诗人遇见了美丽的安德列夫娜，又一次陷进了爱情的狂热之中。9月，俩人正式结婚，令诗人大失所望的是，二人婚后生活并不像原来设想的那样美满。安德列夫娜虽然出身名门，天资聪明，但她缺乏同诗人相匹配的艺术见解和才识，更没有别尼斯拉夫斯卡娅的那种温情。这时，诗人后悔有愧于别尼斯拉夫斯卡娅。但是，他再也没有勇气回到她的身旁，以取得她的宽恕，在这种万般痛苦的情况下，敏感的诗人终于走上了绝路，他要用死来报答心目中真正的情人。由此，可以说叶赛宁是"殉情"而死的。

另一种观点：叶赛宁实际上是患精神抑郁症而自杀的。前苏联的官方在诗人死后发布的讣告曾说过：叶赛宁是由于精神忧郁、心理平衡失调，于绝望中自缢而死的。有史料记载：随着心境失调，叶赛宁的性格愈来愈暴躁，到后来竟经常莫名其妙地发火，显得喜怒无常。经医院检查，医生认为他已患有严重的精神抑郁症。而且，从叶赛宁的诗歌创作实践来看，他后期的创作反映了他极度颓唐的心绪。还有一些人认为他因十月革命打破了他个人主义的幻想，从而选择了"自杀"的道路。其实，叶赛宁的自杀可以说是他忧郁性格的必然产物。

无论是爱情悲剧说还是精神抑郁症说，两者都承认叶赛宁的自杀。但是现在，有人对传统的说法大胆地提出了挑战，其中最有代表性的是叶甫盖尼·切尔诺斯维托夫先生。他认为叶赛宁的"自杀"结论值得怀疑。

切尔诺斯维托夫说在诗人死亡后的照片上可以清楚地看到死者的额头和鼻梁上有一块很大的凹痕，这明显是被钝击所致。另外，从照片上还可以看出一条横向抓痕，这与自缢的情况不符。这说明，诗人实际上是被来自身后的绳索勒死的。

叶赛宁到底因何而死？如果是他杀，那又死于何人之手？动机是什么？这些疑团悬在人们心头，但愿能找到这位英年早逝的诗人的死因，以解心头之惑。

宗教民俗篇
ZONG JIAO MIN SU PIAN

原始人举行成丁礼的目的是什么？

在当代社会里，尽管各国的法律对人的成年大多有明确的年龄规定，但不同的民族无形之中仍然以能否在经济上自立、是否结婚生子等传统标准来判断一个人的成年与否。然而，在原始社会里，这个原本十分复杂的问题却显得很简单，即举行过成丁礼就标志着一个人的成年。

对于有史以来的众多原始民族来说，成丁礼在表达一个人已经成熟的意义方面是一致的，但不同民族所举行的成丁礼仪式却千差万别。从人类学家的调查来看。各种原始成丁礼大体上可以分为 3 种类型。第一类是标志型，即以某些明显的标志，来宣告某人已经成年。如巴布亚的土著女子

从小开始依次涂绘身体各部分，等到周身涂过一遍，就举行仪式宣布她已经成年。类似的例子还有中国的黎族女子和傣族男子到了青春期都开始文身，一旦他们成长到有了情人的地步，就要郑重其事地纹上一个特别的标记。除了绘身和文身外，许多民族还用改变装束来表示一个人的成熟。如流行于中国西南及东南亚山区的"裤子礼"和"裙子礼"，一般在男女少年满 13 岁以后举行。只有在这一仪式举行过以后，那种适龄的青少年才被允许换上与父母相同的成人服装，并可以享受作为部落正式成员所拥有的一切权力。流行于印度教婆罗门中的以白色带子束首标志男子成年的礼节，以及中国古代由儒家经典正式规定的男女成年礼——冠和笄，显然都是某种标志型成丁礼的残余。

另一类较为常见的成丁礼是技能型，即未成年男女只有在通过一段时

间的学习，掌握了某种必要的谋生技能之后，才被接纳为社会中的正式一员。如在南部非洲的许多原始部族里。男女少年到了一定年龄都必须被送到一个与外界隔离的秘密地点，由父母或同性别的长辈分别传授给他们做男人或女人必须知道的礼节以及战斗、狩猎、耕种、织造等各种技能。这种隔离在时间上长短不一，有时会持续一年以上。一旦学习结束，往往还要燃起篝火，歌舞敬神，然后才能回家像成人一样生活。技能型的成丁礼往往还伴有一系列十分严格的考试。其中，大多数人自然都能通过考试，享受到各种应得的权力，并且得到同族人的尊敬。极少数的不及格者则会受到歧视，命运十分悲惨。如北美奥其伯威人规定，没有通过成丁礼考试的人一生只能做最笨重的活，另一些印第安人甚至把这种人从本部落中赶出去。而澳大利亚的土著更是把成丁礼考试不及格的人终身看做是孩子，直到白发苍苍也只能和孩子们玩耍。他们不能穿戴成人的服装和饰物，不能结婚，甚至对任何成年人的辱骂和殴打都不能反抗，只能在恭顺地忍受各种羞辱中度过一生。总的来说，成丁礼考试一般只是针对男孩子而言的，女孩子则进行类似的考试，即使也有不会太严格。显然，以上这些技能型成丁礼实际上是原始民族对他们的后代进行教育的一种形式，不少颇具价值的生产与生活经验就是通过这一形式一代代传承并发展完善的。

第三种类型的成丁礼是巫术型。一般来说，在原始人所有的日常生活和行为中，充满着对鬼神的尊敬与恐惧，至于举行像成丁礼这样重大的仪式则更是如此。人们在调查中发现，东南亚及印度、大洋洲等地十分常见的一种成丁礼——拔牙礼，往往就离不开巫师的帮助。澳大利亚的一些土著不仅要让巫师在施行拔牙术之前跳舞作法，还要他们亲自动手拔去孩子的牙齿。另一种在原始民族中流行更广的成丁礼——割礼，也是离不开巫师们的主持与指导。直到今天，保守的犹太教徒在实施割礼时仍要由专职的宗教祭司负责操作。巫术型成丁礼往往带有浓厚的神秘色彩，不少原始人为了使这些巫术更为灵验，还有意用限制睡眠、禁食等人为制造的痛苦来加重这种神秘感。如印度洋沿岸的科萨人，在举行割礼的前夜必须通宵跳舞唱歌，并且互相挥棒打得头破血流，直到日出时再进行正式的典礼。南美洲亚瓦那人的成丁礼更是要求人们忍受蚂蚁蜇咬，或者浓烟熏烤四五分钟等稀奇古怪的考验。没有经受痛苦考验的成丁礼往往被人贬为不具魔力，因此也不能使人从未成年的状态下一夜之间变为成年人。

种种迹象显示，成丁礼曾经是原始人类诸多典礼中最重要的之一。那么，远古的人们为什么要举行成丁礼呢？专家们推测，主要出于两个原因。第一，原始人艰苦的生活条件使婴儿的死亡率极高，大多数婴儿会在出生的头几年夭折，因而刚刚出生的孩子往往不被视为真正的人。只有当孩子被抚养到比较容易长大的年龄以后，人们才承认他是个真正的人，并用盛大的成丁礼来祝贺部族增添新丁。第二，原始的成丁礼往往是在男女两性发育成熟时举行，显然它标志着对青年男女社交权力的承认，也是男女两性婚姻生活的开始。正因如此，不少民族有在成丁礼前后向男女青年传授做男人或女人的基本知识的习惯。对现存原始民族的调查表明，各民族举行成丁礼的时间有很大的差异，从七八岁到 13～15 乃至更大的都有。看来，其中的确有存在着两种不同形式的成丁礼的可能。对此，学者们仍在进行深入的研究，难有定论。

历史上真有耶稣其人吗？

基督教自创立至今已有 2000 多年的历史了，它与佛教、伊斯兰教齐名为世界三大宗教。作为基督教的创始人，耶稣是否确有其人其事，诸家看法不一，论点各异。

持肯定观点的人认为，这位被现今数以亿计基督教徒信奉的"救世主"耶稣是一位凡人，而不是神明，

基督教是公元前 1 世纪时，由一位生长在巴勒斯坦的拿撒勒族人耶稣创立的。他本人也被后来基督徒崇奉为"上帝"，尊称为"基督"。

耶稣的家坐落在巴勒斯坦北部伯利恒地区的拿撒勒小镇。他出生于公元前 1 世纪初叶，父亲约瑟是一个木匠，母亲名叫玛丽亚，耶稣是他们的长子，下面还有 3 个弟妹。耶稣自幼没有受过传统的正规教育，社会是少年耶稣的主要课堂。他虔诚的父母每年去宗教圣地耶路撒冷诵经朝拜，都少不了有耶稣同行，耳濡目染，耶稣从这里了解巴勒斯坦和外部世界的情况，获得丰富的知识涵养。

著名的犹太历史学家约瑟弗斯在《犹太人的古代事迹》一书中称赞耶稣"是一个全心信奉真理、有智慧神迹的人"，后来，耶稣召集了 12 个门徒，云游四方，奔波传教于巴勒斯坦各地。耶稣在下层劳动人民中宣扬"天道"，号召民众要把巴勒斯坦从罗马帝国的统治下解放出来，重建繁荣昌盛的希伯来大卫王国。"叫有权柄的失位，让卑贱者高升；叫饥饿的饱食，让富足的空手；凡自高的必降为卑，凡自卑的必升高。"在犹太人民的心目中，耶稣既是先知先觉的圣人，又是大卫王国的皇位继承人。根据记载耶稣生平事迹的《四福音书》，耶稣及其门徒的布道说教反映了当时下层人民的苦难，激励了人们的斗争意志，指出了人民奋斗的方向和目标

是建立"天国",他给广大群众带来了福音,掀起了一阵又一阵的群众抗议活动。耶稣的一系列活动,遭到犹太当权者的抵制和打击,终于被捕送交罗马帝国驻犹太的总督庞迪俄·彼拉多,后来钉死在耶路撒冷东郊橄榄山的十字架上。

持否定观点的学者提出:耶稣在历史上并无其人其事,而是一个人为的"救世主",耶稣只是基督教会塑造出来的"一个没有生命的偶像"而已。不是耶稣创建了基督教,而是基督徒们臆造了"神明的耶稣"。

多年来的科学研究成果表明,《圣经》中关于耶稣的传说多半属于虚构,迄今发现的所有历史资料都难以证明耶稣是一个真实的历史人物。在耶稣创建基督教的时代,各种史籍著作很少提到耶稣本人的生平事迹和创建基督教的详细资料。同时。记载耶稣故事的各种福音书是在基督教产生以后很久才陆续问世的。由于宗派斗争的需要,各教派纷纷根据各自的需要来编写福音书,按照各自的教派观点来描绘"救世主"耶稣的形象。所以,《路加福音》中的耶稣家谱同《马太福音》中的耶稣家谱大不一样,即使在同一本《马太福音》之中,关于耶稣的描写也是前后矛盾的,一会儿说耶稣是上帝耶和华的独生儿子,一会儿又说耶稣是大卫的子孙,足可见耶稣是一位基督教人为描绘出来的"神明的救世主",在《新约全书》

中,作者描绘的耶稣更是一位"天神"的形象,而与有血有肉的历史人物毫不相干。

学者们还进而提出:耶稣创立基督教的结论也是不能成立的。基督教并不是耶稣独创的,它是犹太教的一个分支。"耶稣"是犹太人中一个非常普通的名词,它是 Josua 一词的希腊文音译,原意是"上帝耶和华拯救",而"基督"(Chrisisfors)则是救世主的希腊文音译,它们两者是同一意义的宗教用语。在萌芽时期的基督教是社会下层平民狂热宣扬"天国"和"救世主"的群众布道活动,人们殷切盼望"救世主"能够从天而降来拯救苦难的民众。很显然,在这里人们把心目中幻想的神明的"救世主"赋以"耶稣"或者"基督"的称呼,是十分贴切自然的。至于每年 12 月 25 日的圣诞节,也并非耶稣降生的日子,而是上古以来犹太人为了在冬至日祝贺太阳复活而经常举行的祭祀太阳神生日的活动,基督教会只不过是把这个日子移植到神明的"耶稣"身上,久而久之成了基督教庆贺的"圣诞节"。从宗教发展的历史过程来看,"圣诞节"是基督教产生以后 300 多年后才由各地教会逐步确定下来的。

基督教本是犹太教的一个新宗派,最早的基督教徒大部分是犹太人,因而各类福音书的记载自然受到犹太教的影响。《马太福音》中把耶稣说成是犹太国王的子孙，从而使这位神明的"救世主"具有合法的外衣。后来，随着基督教在世界各地的广泛传播，必须把耶稣说成是全世界各地民众的"救世主"。基督教既然已经接受了犹太教信奉上帝耶和华的"一神论"，所以基督教徒只得把耶稣说成是上帝耶和华的独生儿子。然而又产生了新的矛盾：广大教徒心目中的上帝是威严神圣而高尚纯洁的，不许与凡间女子生儿育女。于是，福音书的作者不得不绞尽脑汁编造出"童女玛丽亚尚未出嫁便受圣灵感应而怀孕"的说法。

耶稣是人还是神？还是子虚乌有，至今难以弄清。

耶稣是否被钉死于十字架上？

根据历史上的材料与传说，大致勾勒出耶稣其人的生平是这样的：相传生于犹太伯利恒，生年约为公元前6年，卒年约为公元30年。他在30岁左右在加利利和犹太各地传教。宣称天国将至，人们应当悔改；信他的必得救，不信者将被定罪。他抨击犹太教当权者，反对犹太教墨守成规，遭到犹太教上层分子的疾恨。在"逾越节"（犹太民族与犹太教三大节日之一，一般在公历3、4月间）前夕，被门徒之一加略人犹大出卖，由犹太教

大祭司的差役拘捕。后以"谋叛罗马"罪被送交罗马驻犹太总督彼拉多，在"逾越节"当天被钉死在十字架上。

如果真有耶稣其人，那么关于他的死，又是一个引起争论的问题。据《圣经》＜新约＞中的"四福音书"记载，耶稣被钉死在十字架上后3天，重新复活，并一再在门徒面前显现，因此使四散的门徒重新鼓起勇气，聚集起来，获得了耶稣之死不是终结而是死而复活的信念。不过这种说法自近代以来一再引起人们的疑惑，早在1835年，德国青年黑格尔派学者大卫·F. 施特劳斯就在《耶稣传》中指出"耶稣之死的真实性。不可能从他被钉十字架这一方面得到充分证明，而只能从他之复活缺乏证明予以说明。说耶稣还继续活着是没有历史资料可资证明的，但如果认为他真的死了，那也只好把他钉十字架之死认为是真的死了。"英国学者卡本特认为："有关耶稣处死的情形，福音书的记述大都是为了显示其如何在细节上都实现了《旧约》的预言。"美国《圣经》文学专家莱肯指出："耶稣被钉死在十字架上，完成了替人类赎罪的使命，是《新约》中福音故事的基础，也是整部《新约》神学思想的基础"。也有不少神学家和科学家用各种方法对意大利都灵大教堂的一块坟布进行测试与检验考证（据说这块坟布曾包过耶稣的尸体），是真是假，众说纷纭。

不过，在 20 世纪出版的两本书却引起了人们的极大的兴趣，他们都另辟蹊径，对耶稣的身世作出了标新立异的解释。1982 年英国德拉科特出版社出版的《圣族与圣杯》一书，由英国人 H. 林肯、美国人 R. 利以及新西兰人 M. 贝京三人合作撰写。作者历经数年的实地考察及查阅了大批文献资料后认为：耶稣并不是一个被钉死在十字架上的救世主，而是一个觊觎以色列王位的犹太贵族，其娶了一个名叫玛丽·玛格达琳的女子为妻，并生有子女数人。因为参与贵族争权斗争遭到失败后，被迫流亡到高卢（法国古称）。为了防备政敌的谋害，他将妻子儿女留在高卢，并捏造自己被判刑钉死在十字架上的故事，自己只身潜返祖国。他的后代在高卢生活繁衍，并在公元 5 世纪时成为法兰克人墨洛温王朝的统治者。至公元 11 世纪末，耶稣的后裔参加了十字军东征，创建耶路撒冷拉丁王国的戈德费鲁瓦·德·布隆即为耶稣后代，关于耶稣家族的血统就被称之为圣杯——血统，它的秘密一直由秘密教会锡安山隐修会所保存。中世纪乃至近现代的一些文化界名人如达·芬奇、波义耳、牛顿、诺当埃、雨果、德彪西、科克托等人都曾是该会首领。锡安山隐修会禁止普通教徒了解耶稣家族的秘密。作者甚至声称悬挂于天主教堂的圣母像，并非耶稣母亲之像，而是其妻玛丽·玛格达琳的画像。此书所披露的耶稣身世轰动了欧美，被西方书评界称之为"20 世纪最有争议的著作"。该书至 1986 年便已连续印行了 6 版，仍畅销不衰。

与前书天方夜谭式的奇论不同的是，一位年轻的德国学者 H. 凯斯顿在 1983 年写出了《耶稣在印度》一书，提出了一种值得重视的说法。该书是作者自 1973～1983 年间数度在东方（土耳其、伊朗、阿富汗、印度）游历、考察和研究的结果。作者认为，耶稣在幼时为躲避罗马行省希律王的迫害，逃到了埃及的亚历山大城，并在那里学习佛教教义，12 岁以后又到印度继续深造，10 年以后（约公元 6 年）才重返故乡以色列，自称拿撒勒人耶稣，并从事创立基督教及传教活动，引起了罗马统治者的恐慌，后被总督彼拉多逮捕，判处受钉死在十字架上的刑罚。当耶稣被钉上十字架之后，受尽了折磨，为了营救他，有人暗中在送给他喝的酸酒中投放了麻醉药物，造成了耶稣的假死。后由富商约塞夫买通了当局和行刑者，得到了耶稣的"尸体"，并用解毒药拯救了他的生命，使其得以"复活"。耶稣治好伤病之后，曾多次在其门徒面前"显现"。此后便在叙利亚、波斯、土耳其一带秘密传教，直到 16 年之后，偕其母亲一起到印度克什米尔定居，以"约兹·亚萨夫"之名著称。据说曾到北印度、中国新疆等地讲道授经。以年逾八旬的高龄在克什米尔的斯利那加善终。至今斯利那加旧城中央仍保存着耶稣的陵墓，名为"先知约兹·亚萨夫之墓"。每年还迎来成百上千的香客朝圣。

耶稣其人其事，困扰了史学家2000多年，现在依然继续困扰着期待解决问题的人们。

耶稣裹尸布确实存在吗？

相传，耶稣被他12个门徒中的一个叫犹大的出卖，在受尽折磨后被钉死在十字架上。耶稣死后，他的另一门徒约翰用一块裹尸布将其尸体精心包好后放在哥尔高扎的一个石洞墓里。3天后，几个去石洞吊唁的妇女发现耶稣复活了，这个日子后来成为基督教的重要节日——复活节。然而，就在耶稣复活后，他的那块裹尸布却不翼而飞了。

本来，这一传说带有明显的宗教神话色彩，人们当初并没有信而当真。然而到了1353年，居住在法国巴黎附近领地的夏尔尼伯爵突然宣称，他保藏着耶稣受难时的那块裹尸布。这一消息对基督徒来说，无疑是个极大的震动。遗憾的是，夏尔尼伯爵尚未说出裹尸布的来龙去脉就很快病故了，从而把这块裹尸布突然出现之谜也永远带进了坟墓。不过，对于一些基督徒来说，他们对这块裹尸布却是深信不疑的。

4年后（1357年），这块来历不明的裹尸布终于在夏尔尼伯爵领地利莱教堂的祭台上公开展出，吸引了大批朝圣者。当时法国基督教徒与天主教徒矛盾日益尖锐，裹尸布公开展出后，立即遭到当地天主教主教的反对，他们要求停止展出这块裹尸布，并断言它是赝品。1389年主教的继承人在写给教皇的信中指出，有一个不知名的艺术家已经承认，所谓耶稣裹尸布实际上是出自于他手笔的艺术品。因此教皇克里孟特七世下达教谕，只允许在说明这块细亚麻布不是真正的耶稣裹尸布，而只是艺术品的情况下才能向基督教徒公开展出。但是，法国的基督教徒们无视教皇的教谕，他们认为那个不知名的艺术家是在严刑拷打下而被迫承认的，到了15世纪，萨伏伊公爵路易斯将裹尸布从利莱转移到著名的尚贝里大教堂。1532年，尚贝里大教堂失火，裹尸布虽被抢救了出来，但因贮放的银盒融化，落了几滴在裹尸布上，使它遭到了一些破坏，同时消防用水也在布上留下了污迹，但布的中心部分依然完整无损。1578年，裹尸布被迁往意大利北部的都灵，存放在都灵大教堂的圣坛上，时至今日。

由于社会上对耶稣裹尸布的真伪众说纷纭，1898年，都灵大主教终于同意一批科学家对裹尸布进行考察研究。人们发现这块亚麻裹尸布上留有一个明显的影像——一个裸体、有胡子、留长头发的男人的图像。其大小同实际人体相等，死者的面容安详，其身体上留有鞭痕和钉痕，布上相当于死者的头、手、腰、足部位都有斑斑"血"迹。有人认为，裹尸布上的影像很像《福音》书上所描述的耶稣受难时的形象，并断定这就是大约2000年前约翰用来包裹耶稣尸体的那块圣布。同时，有历史学家试图通过历史文献证明耶稣裹尸布的存在及其真实性。例如，经英国历史学家威尔逊考证认为，耶稣当年受难时，耶稣的门徒确实曾用细亚麻布包过耶稣的遗体，这块裹尸布曾长期保存在耶路撒冷，后来它又传到了东罗马帝国的首都君士坦丁堡。而且据记载，13世纪初一个叫克劳里的编年史家声称他本人于1203年在君士坦丁堡目击过耶稣的裹尸布。第四次十字军东侵时（1202～1204年），君士坦丁堡被十字军所占领，当时一些十字军骑士也曾见过耶稣裹尸布，然而事后这块裹尸布就失踪了。有人猜测，1357年在法国夏尔尼伯爵领地利莱教堂展出的耶稣裹尸布，就是十字军东侵时从君士坦丁堡窃运而来的。同时，这些相信者们还发现：裹尸布图像上的脸型、披肩的发式及胡子都属于公元初的犹太人型，并且，裹尸布上的形象与圣西娜山上叶卡捷娜教堂中的圣像有45处相似，而与查士丁尼二世时货币上的圣像有65处相似。在图像的眼部发现有公元1世纪铸造的钱币痕迹，

这证明死者的时间是公元1世纪，与耶稣遇难的时间相吻合。然而，不信者们也有自己的理由。他们认为，裹尸布的人形属裸体形象，这与当时的习俗相违背，因为通行的耶稣受难形象是穿着希腊长衣，或者腰间束有大腿绷带。同时，他们还发现，裹尸布上的耶稣形象留有发辫痕迹，而中世纪的几乎所有圣像都没有发辫。由此，他们认为裹尸布是伪作。双方的争执待续了几百年。

1978年，为纪念裹尸布迁移都灵400周年，再次举行了公开展出。各国科学家云集都灵，用各种现代科学方法对尸布作了实物检验研究。纺织学家发现。在古代中东地区常以亚麻布作尸衣、尸布，而这块亚麻裹尸布明显具有古代耶路撒冷地区的特征。同时，有科学家还发现在裹尸布上含有一些花粉，这些花粉大部分是属于生长在耶路撒冷的植物花粉。因此他们断定：裹尸布肯定有一段时期是在耶路撒冷保存过的。但是马上有人提出反驳，他们指出，花粉是可以随风飘荡或被鸟类带到很远的地方的。而裹尸布恰恰在几个世纪中被放在露天场上展出过，因此用花粉来证实裹尸布真实性的论点就有些靠不住了。于是，有人提出用放射性碳断代法来测出裹尸布的确切年代，以此来证明裹尸布确系公元一世纪的产物，但未能得到允许，因为用这种方法会破坏掉一部分原物。

正当欧洲的科学家们争执不下的时候，从大洋彼岸的美国却传来了不同的研究结果。

首先，科学家们提出了一个一致的结论，认为这块裹尸布不是一幅画，因为裹尸布上没有发现颜料的成分，至于裹尸布图像的形成，他们通过1532年的那场火灾所提供的线索得到了启发，断定这是由别人巧妙地用轻微的焦痕构成的。其次，通过对尸布上的"血"迹的研究表明，裹尸布上留下的"血"迹确系人血。但经分析发现，"血"迹部分拍摄的底片上呈白色，证明尸布上的血迹是阳性的，而人体影像却是阴性的，这说明尸布上的血不是来源于尸体，而是后来加上去的。由此。有些科学家断言，裹尸布上的耶稣图像是伪造的，这块亚麻布根本不是传说中的耶稣裹尸布。

然而，这是否就能用来完全解释裹尸布的奥秘呢？科学家们对有些问题至今不解：裹尸布上的图像是立体形的，但古代人是否能掌握立体成形技术？如果裹尸布上的图像是由焦痕形成的，那么要有怎样的烧烫技术才能绘制出这样一幅图像呢……这些都是谜。

历史上真有释迦牟尼其人吗？

佛教与基督教、伊斯兰教并称为世界三大宗教。佛教徒一直相信佛教的创始人是释迦牟尼。然而，释迦牟尼的生平并无可靠的史料记载，而只有佛教经典某些不连贯的充满神秘色彩的片断。由于佛经是在佛教产生很久后才编订的，即使剔除神话成分，有关释迦牟尼的记载在多大程度上接近历史真实也是大可怀疑的。因此在学术界就产生了两种不同的意见：一种认为历史上并无释迦牟尼其人；一种认为释迦牟尼是真实的历史人物。

前者认为，在佛教传说中，释迦牟尼完全是一个神仙。他在降凡之前是菩萨，即佛的候补者。在他之前曾有6个菩萨降凡成佛。他作为未来的第七位佛（"觉者"、"智者"的意思），一日得知，他脱胎之时已到，便在离开天界前，召集了天神鬼众讲说佛法，并给他们介绍他的后继者弥勒（慈氏）。诸神为佛访寻降世的国家和脱胎之人。结果，选中了迦毗罗卫国，因该国国王净饭王是印度各邦中最聪明、最勇敢的王。王后摩耶"是妇女中的珍珠，以其绝色，而得中选"，成为脱胎之人。菩萨化作一头白象来入胎。王后在梦中感到白象用鼻子点了一下她的右身，便化为一股气进入她的腹中，她受孕了。分娩时，王后前往邋毗罗城外的蓝毗尼园，她右手攀着一株无忧树的树枝而立，从右胁下生出一小儿。这小儿生下就能行走，并精通所有书卷，熟谙各种故事和道理，知道行星的数目。

他被取名为悉达多。他生下 7 天，其母因快乐而命终升天。他由姨母瞿昙弥抚养。不久，老圣者阿私陀预言悉达多在家则为统治天下的"转轮圣王"，出家则成佛，并指出悉达多身上有佛所具有的种种体相，如顶上肉髻、眉间白毫、足下千辐轮相，等等。当悉达多随父去谒天祠时，所有神像拜伏在他面前，称他是"大智慧者"。其父为了引诱他放弃出家的念头，用尽了种种办法，为他建春、夏、雨季三宫，让他生活在粉黛之间，尽情享乐。成年后，又选了完美的女子与他成婚，不久，生一子名罗睺罗。但悉达多还是得到了出游散心的机会，神意使他看见了老人、病人和死人。人有生老病死的现实如无情棒喝，提醒他富贵欢乐的虚空幻灭。他决心出家。一天夜里他骑马出城，诸神帮他使守城卫士皆睡大觉，城门自开，四天王捧蓄马足，使他潜密无声地出城而去。出国境后，悉达多削发为僧，神为他送来隐士的衣服，从此他成为林中隐士，是年他 29 岁。出家后，他走苦行之路，先从两个沙门，后从五个比丘，苦行六年，身体衰弱，形同骷髅，一事无成，诸神为之担忧。但他此时已觉悟苦行无益，于是取食了一少女奉献的乳糜，并在尼莲禅河洗了个澡。与五比丘分手后，来到菩提伽耶这个地方，坐在菩提树下，开始审谛思维，以求解救大道。爱欲及死亡之神恐他道成，与己

不利，便遣众魔军来袭，魔军的强攻和诱惑均被他战胜。他终于悟得大道，成为至上的佛陀，时年 35 岁。此后，佛陀到印度各地传道，收了众多门徒，行了许多奇迹。最后在他 80 岁时，在拘尸那揭罗的双树间入涅槃，火化后，许多国王来抢分舍利（佛的骨灰）。关于佛陀入涅槃的时间现有 60 多种说法，远的定在公元前 1027 年，近的定在公元前 370 年，相差悬殊。对于这种生卒年无法确定，行踪飘忽不定，生平活动既不见史籍记载，又没有文物遗迹作为佐证的传说人物，要说他是真实的历史人物，是难以令人信服的。

持相反意见的学者认为：佛经中关于释迦牟尼的生平记载，尽管有不少神话、传说，但也有不少历史事实，基本轮廓是可靠的。释迦牟尼的诞生地就在今尼泊尔泰米地区的梯罗拉柯提废墟。阿育王在释迦牟尼逝世 200 多年后曾在此立一石柱，说明此处是释迦牟尼的诞生地和埋有佛的舍利。石柱保留下来了。考古学者还在此挖到释迦牟尼的舍利坛。佛经记载释迦牟尼结婚也是历史事实。因为和尚是不许结婚的，可佛祖却结婚生子，给后来的佛徒带来一个尴尬局面。若非事实，佛经决不会这样写的。另外，他出家可能受当时社会上沙门思潮的影响，但一定有更深刻的内在原因。他苦思得道也符合当下印度宗教人士中流行的一种想法：精神

可以突然发亮，豁然贯通，悟得至道。佛教的教义四圣谛、八正道、十二因缘等，这儿系统的阐述显系后人所为，但教义的大体轮廓，可能是释迦牟尼提出。据此，可以说历史上真有释迦牟尼其人，而且他是佛教创始人。

揭开蒙在释迦牟尼头上的面罩，还其本来面目，看来还有待学者们继续努力。

外婚制起源之谜

所谓外婚制，就是族外婚，是原始社会的一种婚姻规例，它禁止本集团内部通婚。它的出现是人类社会发展的必然，它的出现有利于人类的发育和繁衍。

外婚制是怎样起源的？这个问题史学界长期探讨却一直未能找到一个令人信服的答案。

美国民族学家摩尔根认为在长期的血缘群婚过程中，生下的孩子或者不健康，或者是痴呆，甚至有的过早夭折。人们开始探索根源，而外婚制就是他们找到的一个避免产生上述生物性恶果的办法。对于这种说法，学术界不断提出了异议。人们认为将优生学理论看做是族外群婚产生的原因，缺乏说服力，是后人把自己的智慧强加给了原始人。现代生物学的发展已证明，在相当大范围的群体即彼此联姻的集团内部，近亲婚配的危害性未必可以肯定。假如有危害的话，当时"人类智力的发展"不可能认识近亲结婚的害处，因为要认清这点，必须知道儿女的身体和智力与父母的生理素质的关系，儿女与父母的性交关系，人们相互之间存在的血缘和姻缘关系，能把部分儿童明显弱小或具有严重生理缺陷一类现象，归因于其父母的近亲关系。但是原始人不知道这些关系，所以不可能认识近亲结婚的危害。事实上，外婚制并没能完全避免近亲交配。前苏联学者托卡列夫等人认为，外婚制的实行是为了增进本公社的繁荣和发展，加强与相邻氏族的关系，建立经济往来。对此说，一些史学工作者也有不同看法。他们认为氏族社会的原始结构本质上只是相互通婚的两个外婚制集团，并无经济联系。相邻两个氏族的关系仅限于婚姻关系。以扎科夫为代表的另一批前苏联学者认为，外婚制产生的重要原因是原始公社内部产生了性禁忌。为什么？因为族内通婚会造成同性之间的嫉妒、异性之间的怨恨，因嫉妒而出现的矛盾冲突严重影响了原始公社内部的生活安定，为解决这一矛盾，首先就得消除产生这一矛盾的根源——族内婚，所以一些性禁忌出现了。同一集团内的性关系开始逐渐缩小范围，直到最后终止。而与别的集团成员的性关系范围逐渐扩大，外婚制产生。有的中国史学工作者倾向于扎科夫的意见，并且补充了他的理论。认为外婚制的产生，生产力的发展无疑是其根本的原因，但其作用的落脚点却是与传统说法恰恰相反。它不是加强了原始群的联系，而是促进了分衍。随着工具的改进，食物比以前丰富了，人口增长速度加快。随之出现与一定地域范围内可取食物的有限性相矛盾。这就致使一部分人不得不从母群中分衍出来，而当时生产工具的改进，小群体生产也能维持生活并能相对定居又使这种分衍成为可能，从而奠定了族外群婚的客观基础。同时认为为了避免性竞争后出现的性冲突，外婚制是直接由不等辈婚中产生的，产生的关键是不同人类集团之间的男女的邂逅相遇。在原始共产主义社会，不存在私有制，一切平等，即便对自己交媾对象也无权独占，人们在平等的机会中进行性追求，男女之间可以去寻求自己相对满意的对象进行交合，于是性竞争由于对异性的审美评判而产生了。相互倾心的男女互赠礼物，渐渐地，人类最美妙的东西爱情开始萌芽了。人类爱情的出现，两性关系上的排他性也势必出现。那些失败者产生强烈不满，人类为了避免本集团内的性嫉妒，逐步走上了外婚制。虽然这些理论有一定的道理，却没有哪一种具有绝对的说服力。

班辈婚曾是历史的一幕吗？

班辈婚姻，美国遗传学家摩尔根称为"血缘家庭"（或译"血缘家族"）；恩格斯与马克思亦称"血缘家庭"，中国学者习称"班辈婚"或"血缘群婚"与"血族群婚"。不过。由于此种婚姻属于同一集团内部的同辈男女互为共夫共妻，异辈之间绝对禁婚。因此，宜称为"同辈婚姻"更加明确，更加合理，更加名副其实。

19世纪末，当摩尔根在《古代社会》一书中首先提出"血缘家庭"时，只是根据夏威夷土著居民的亲属称谓推演而来，并无实例；后来，当恩格斯在《家庭、私有制和国家的起源》一书中，再次提出"血缘家庭"时，也是根据马来式的亲属称谓推演而来，亦无实例。但恩格斯却十分肯定地认为这种家庭一定是存在过的。由于没有实例，长期以来，西方学者对于此种婚姻形态从不承认。到20纪世50年代中期，前苏联不少学者也开始否认此种婚姻形态的存在，并且提出，从杂交状态发展出来的第一种婚姻形式是族外婚，也就是群婚的第一阶段。各种婚姻是与氏族组织同时从杂交形态直接产生出来的。到了20世纪60与70年代，中国不少学者对于此种婚姻形态同样提出质疑，认为此种婚姻形态并无实例，纯属虚构。与此同时，中国出版的《辞海》中也说对于班辈婚姻是否存在，"科学界尚有争议"。看来，班辈婚姻在人类历史上是否确曾存在尚无定论，还需探讨。

20世纪60年代前，中国学者大都同意苏联学者的看法，认为人类历史的第一时期是原始群时期，亦即猿人时期（旧石器早期），这一时期的婚姻形态是乱婚；认为人类历史的第二时期是尼人时期（旧石器中期）。这一时期的婚姻形态是班辈婚。20世纪70年代以来，学者们弄清了列宁与斯大林所说的"群"或"群团"的原意是指"使用棍棒的猿群"，是指由猿到人的"过渡期间的生物"，因此，这一时期也就成为非人的历史。这样一来，"乱婚"也就理所当然地被排除于人类历史之外；班辈婚也就随之而成为人类历史的第一种婚姻形态。直到目前，这种看法仍占统治地位。可是，班辈婚是严格禁止长辈与晚辈，祖先与子孙，父母与子女通婚的，是有道德规范与婚姻禁例的，而道德规范与各类禁例又是当人类形成之后逐步出现的，不可能设想当人类刚一形成，道德规范与各类禁例即已具备。因此，在人类历史上，乱婚是否存在？班辈婚是否存在，何时产生？统统成了问题。

如前所述，摩尔根、恩格斯与马克思对于班辈婚的存在是肯定的；而西方学者与前苏联学者对于班辈婚的

存在是否定的，看来还需商榷。因为，由文献记载，神话传说与某些落后部族的亲属称谓，以及某些民族残存的兄弟姊妹为婚的大量事例推断，班辈婚的存在很可能是要被肯定的。

由文献记载来看，在中国，"高阳氏有同产而为夫妇"；高辛氏之女与盘瓠所生之"六男六女……自相夫妻"；高辛氏"令少女从盘瓠。……经三年，产六男六女，盘瓠死，后自相配偶，而为夫妇"等记载，似乎均可作为班辈婚存在之证据。在新罗，"兄弟女、姑姨、从姊妹皆聘为妻"；在安息，"风俗同与康国，唯妻其姊妹"；"波斯……多以姊妹为妻妾"等记载，似乎也可作为班辈婚存在之证据。

由神话传说来看，兄弟姊妹为婚的事例是大量存在的。根据怒族神话，远古时代洪水泛滥，人畜全被淹死，只有兄妹两人？躲进大葫芦里，幸免于难。洪水过后，乌鸦劝告兄妹说，"所有世人都已经死完了。只有你们兄妹二人成婚才能繁殖后代。"可是，兄妹二人都不愿意近亲结合，于是一南一北自找对象。结果都未找到，只好兄妹为婚，繁衍后代，生了九男九女。因为再无别人，只好自相婚配，传宗接代。

根据傣族神话《布桑该·耶桑该》的传说，原先，世上仅有一男一女。彼此结合，又生一男一女，兄妹婚配繁衍后代，生了数对男女，自相

婚配。如此代代兄弟姊妹为婚的结果,一直繁衍到后来的四万八千人之多。

根据希腊神话,天父宙斯与天后赫拉以及他们的父母克罗诺斯与琼拉都是兄妹为婚的(另一说为宙斯与赫拉系姐弟为婚);根据犹太传说,犹太人的始祖亚伯拉罕,也是以妹为妻;此外,在古埃及的神话传说中,兄妹为婚的事例也不少见。

应当知道,类似上述兄妹为婚的神话传说,在中国的数十个少数民族中都是广泛流传的。这绝不是巧合或臆造,而是班辈婚的残迹或遗风。这很可能反映了远古班辈婚的存在。

最后,如果再由某些落后民族的亲属称谓来看,结论亦然相同。在中国云南永宁纳西族的现行亲属所谓中,舅父与父亲同称"阿乌"(elvel);舅母与母亲同称"爱梅"(elmil)。显然,在纳西族的历史上,曾有一个时期,舅父就是母亲的丈夫,而母亲就是舅父的妻子,兄弟姊妹曾是夫妻,这表明纳西族里曾经存在过班辈婚。在大洋洲的不少岛屿上(如夏威夷群岛),对于自己的上一辈人,无论他们是否是自己的亲父母,则同称为父母;对再上一辈人,不管他们是否是自己的亲祖父母,则同称为祖父母;对下一辈的同称子女;对再下一辈的,则同称孙子孙女;凡是同一辈人,则互称兄弟姊妹,如此的亲属称谓,甚至直到20世纪末,还

在波利尼西亚人中流行。显然如此的亲属称谓,表明那里的同辈男女曾是夫妇,表明那里存在过同辈男女共夫共妻的班辈婚。

综上所述,既然班辈婚是族内婚,是兄弟姊妹为婚,而上述婚姻亦系如此;既然班辈婚是人类最初的婚姻形态,而上述神话婚姻也是人类"始祖"——天父、天后与"第一对祖先"的婚姻;既然班辈婚姻是同辈男女共夫共妻,而上述婚姻亦系如此——同辈同称。那么,摩尔根与恩格斯所说的"血源家庭"——班辈婚,就是有根据的(尽管那时他们尚未掌握这些根据),就可能存在,就无法彻底否定。尽管如此,在全世界范围内、在民族学或民俗学方面,迄今为止,毕竟尚无实例说明在同族内部同辈男女共夫共妻婚姻的存在。看来,班辈婚姻存在与否尚难定论,仍须丰富资料,再加探讨。

"食人之风"是否普遍发生过?

由于文献记载不足与有关资料贫乏,20世纪初,人们尚且认为"食人之风"乃是个别民族在其历史发展初期所出现的稀有事件。然而历史实际并非如此,随着资料增多与科学事业的发展,国外学者就又认为,人是自私的动物,人类生来就有相互敌视的

本能，因此，在讲原始社会时，总是片面强调食人之风、猎取人头、剥头皮、分食战俘、血亲复仇，等等。甚至，竟把一般生物生存竞争、弱肉强食等人吃人的资本主义原则也强加给原始人，完全否定了原始人类的互助与协作。

尽管"食人之风"今天看来是荒唐、离奇和不可置信的，但在人类历史的早期却很可能是普遍发生和存在过的。

考古发掘表明，北京猿人化石产地发现的头骨特多，躯干与四肢骨特少，以及人类头骨上用棍棒或某种器物打伤的痕迹，说明北京猿人曾有食人之风。20世纪30年代，在爪哇的昂栋附近，发现了12个人头化石，全部头骨面部缺损，10个头骨枕骨损伤。据此认为，这12个人都是由于吃人脑的目的被杀害的。联系到距此不远的西伊里安与中加里曼丹的达吉克人，12世纪时尚有猎人头与吸食脑浆之事，看来这样分析是正确的，爪哇人曾有食人之风；1980年，英国考古学家在克里特的克诺索斯宫附近（传说中的迷宫与米诺斯食人之区）发现200多根人骨。专家们由此认为，克里特人铜器时代尚有食人之风。

由文献记载来看，古希腊哲学家亚里士多德记载了黑海一带的食人部落；1688年，荷兰出版的《吃人的本性和习俗》也报导了不少部落的吃人

风；1863年出版的赫胥黎的《人类在自然界的位置》，附有"16世纪非洲的吃人风气"一节。说刚果北部的安济奎人，"不论朋友、亲属，都互相要吃的"，"他们的肉店里面充满着人肉，以代替牛肉和羊肉。他们把在战时捉到的敌人拿来充饥，又把卖不出好价钱的奴隶养肥了，宰杀果腹。"19世纪中期，达尔文在《一个自然科学家在贝格尔舰上的环球旅行记》中，记载了火地岛人杀吃老年人的悲惨情景。他说："在冬天，火地岛人由于饥饿的驱使，就把自己的老年妇女杀死和吃食，反而留下狗到以后再杀。"据摩尔根《古代社会》记载：大洋洲"怀德湾的部落，不只食战场上杀死的敌人，而且也食他们被杀的伙伴，甚至老死者，只要还可供食，他们是要吃掉的。"据1955年版约翰·根室《非洲内幕》记载："卢拉巴河下游附近是撒拉姆帕苏人，其中有些到现在还吃人肉。"还说北罗得西亚人虽已不吃活人，但"直到最近。吃死尸的情形还是非常普遍。"据恩格斯《劳动在从猿到人转变过程中的作用》记载："柏林人的祖先，韦累塔比人或维耳茨人，在10世纪还吃他们的父母。"据《太平寰宇记》记载："僚子专欲吃人，得一人头，即得多妇。"据《峒溪纤志》记载：僚人"报仇相杀，必食其肉，披其面而笼之竹，鼓噪而祭，谓可迎福。"此外。在著名古典小说《水浒》中，

也曾多次提到过吃人肉的情景。母夜叉孙二娘与菜园子张青在大树十字坡开酒店，险些儿把打虎英雄武松杀掉包人肉包子。

总之，由文献记载看来，至少在亚、非、欧、美、大洋诸洲，都存在过"食人之风"。

再由民族学资料来看，约百年前，斐济群岛还是一个食人风盛行的恐怖世界，自1890年英国殖民当局强行宣布废除食人之后，斐济土著才开始不吃人肉。

食人时代，斐济人把打死的敌人称为"长猪"。两个敌对部落成员相遇，出路只有两条：其一，冲上前去打死敌人，吃掉敌人。其二，立即逃跑，或成为"长猪"被人吃掉。有时，斐济人为了猎取"长猪"偷袭敌人，潜入敌寨进行埋伏，一有机会就跳出来用石棒打死敌人，或用竹刀杀死敌人，然后拖回本村，直接用火烤食，或者煮熟后分食。在这里，村寨之中，人骨成堆，竟然成为勇敢的象征。

氏族时期的阿斯特克人（美洲），仍然保留着宰食战俘的习俗。古希腊阿卡地亚国王（实即部落酋长）杀人之后，就把人肉的一半煮熟吃；另一半则直接用火烤食。《荷马史诗》中也说独眼巨人吞吃了奥德赛的几名伙伴。"在大洋洲土人中，如公社来了显贵的客人，而又没有好食物待客，便杀掉一个孩子，把他（她）的肉煮给客人吃，这算是最高的礼遇。"非洲中部林海中的贝拉尔人，直到20世纪70年代，尚不知金属为何物，同族成员死亡，他们就把肉分开，既不煮熟，也不烧烤，当场生吃，津津有味。

生活于马勒库拉岛阿莫克的大南巴人也是吃过人肉的（英法共管后才被制止），有时直接用火烤着吃，有时用人肉包馅饼。此外，在达尼人那里，往往用分吃战败者的尸体表示对敌人的蔑视。16世纪前，台湾的土著部落也有食人之风。20世纪前，太平洋诸岛的毛利人也是著名的"食人部落"。

总之，直到19世纪末，甚至20世纪中期，在太平洋地区、大洋洲与印度尼西亚的某些海岛上，以及非洲和南美洲的某些地区，还生存着数十个食人部落与猎头部落。

看来，那种认为食人之风乃是个别民族所发生的稀有事件的看法，是值得研究的，因为，现在资料已经证明，食人之风在许多民族中都是普遍发生过的。至少，吞食本族成员的尸体与分食战俘是不少民族都发生过的。至于随着考古学、文献学、民族学与民俗学资料的不断增多，将来会否证明世上一切民族都曾经历过食人时代尚未可知。因为，直到目前，世界上还有不少民族尚还未有食人习俗存在的证据。看来那种认为，吃人，包括吞吃自己的父母，确是一切民族在其历史发展中都曾经历过的说法，还须再加探讨。

古人文身缘于什么？

文身，就是用刀、针等锐器在身体的不同部位刻出花纹或符号，并涂以颜色，使之成为永久性的有色饰纹，由于涂料以黑色为主，如墨行文，故称文身。

古人文身的部位，因地区与民族而异，或全身，或局部，一般在面、胸、臂、背、腿、腹等处。古人文身的图案也因民族在信仰、爱好、习俗等方面的差异而不同，主要有"鸟兽"、"花草"、"树木"、"龙蛇"、"星辰"及一些几何图形等。

文身产生于人类蒙昧时期，是一种极为古老的习俗。这习俗也曾盛行于世界各国，如澳大利亚的阿兰达人、阿内特人，新西兰的毛利人、巴希亚人，南北美洲的印第安人，南美的海达人，印度南部的图达人，日本的阿伊努人等。以至于古代的欧洲人都盛行过文身习俗。我国包括汉族在内的大多数民族，如黎、傣、基诺、布朗、独龙、高山等族也都一度风行文身习俗。

古人为何会有文身的习俗，对此众说纷纭，至今仍是个未解之谜。

一种说法认为出于对美的追求与装饰而文身。新中国成立之前海南岛的黎族妇女都要文身，不文身的妇女视为容貌不美和民族的叛逆者，活着要受人歧视，死后还要用木炭文身后才能入棺埋葬。文身后，父母还要设宴庆贺祖先给予女儿的美丽容貌。在台湾高山族的泰雅人也认为纹面是一种最讲究的装饰，身体刺纹的部位不长毛，不生皱纹，能保持青春的美。在我国历史上唐宋元明各朝都盛行文身。不仅市井青少年爱好此道，就是工匠、船户、农民、文士中亦有不少文身者，据段成式《酉阳杂俎》记载，在唐代，文身者所刺的花样品种繁多，包括动物、山水、花卉、亭院、古人诗句等。一般来讲，尚武之人多刺龙蛇猛兽以增其英武；文人学士多刺山水诗词以示风雅。宋代文身者的组织称绵体社，它以邀请高明工匠进行文身和相互比赛，品评所刺花纹为乐。《水浒传》中的史进因肩臂胸膛刺有九条龙而获"九纹龙"的绰号，浪子燕青因在"一身雪练也似白肉"上刺了遍体花绣而受到江湖好汉们的称赞。直到今天，我们还能偶尔见到一些人在手臂上刺着梅花、小兔或文字。如今，作为化妆术一部分的擦胭脂，涂口红，染指甲，割眼皮等，溯其根源，同古代文身的习俗是颇有关系的。

台湾少数民族文身习俗中，一般都规定，对本氏族作出了贡献的男女，才有文身的资格，而且所刺花纹的部位、图案是根据贡献大小来定的。正因为文身记录了一个人贡献的大小，故文身到后来就发展成为显示一个人社会地位的标志，且文身也成了区分贵贱贫富的分界线。《后汉书·东夷列传》中就记有：倭国人"文身，以其纹左右，大小别尊卑之差"。南美洲查科地区的印第安人，有的部落贵族妇女只在手臂上刺花纹，而在面孔上刺花纹的妇女则表示其社会地位低下。

一种学说认为文身与性的吸引、婚恋有关。新中国成立之前，黎族有这样一个习俗，只有经过文身，才有婚配的资格，而且黎族妇女在婚姻的不同阶段要依次纹饰身体的不同部位，年龄、图案都有相应的规矩，不能改变。

还有一种说法认为文身的产生与原始宗教图腾崇拜相关。图腾是原始的宗教形式，古代人们认为自己的氏族与某种动物、植物或无生物有亲属或其他的特殊关系，因此，它们就把它视为自己的祖先或保护神。对此顶礼膜拜，并把它刺在身上，作为护身符，以此来避邪与求得神灵的保佑。在有文身习俗的民族中，一般都这样认为，文身不仅是一种成人与美的标志，同时又认为还可用以避邪。如我国台湾少数民族中的排湾族。他们传说其头目是蛇生或太阳卵所生的，蛇与太阳就成了他们的图腾对象，他们文身时刺以蛇纹或太阳纹。希望其灵魂能常附于自身，从而受到其庇护。

另外，许多民族在文身时，都要祭祖先与神灵，如黎族妇女在文身时，要杀鸡摆酒祭祀祖先。将受纹者的名字报告祖先，以祈求平安无恙。

少数人认为文身是氏族与图腾、成年与情爱、尊贵与卑贱的标志。如台湾的高山族不仅把文身作为一种装饰，而且更重要的是作为成年的标志。男子十四五岁参加过打猎即可文身，女子从十三四岁也可文身。文身后就表示已获得成年资格，并且男子在某些部位文身又是其勇敢能干的标志。女孩把自己设计的图案纹在身上，显示其智慧与能干。

以上各家的观点各有其道理，但究竟什么是古人文身的谜底，还有待于继续探讨。

印度缘何把牛奉为神物？

我们知道，印度人敬牛之风很盛。时至今日，印度的一些邦仍隆重举行每年一度的敬牛节。

对于印度敬牛之传统习俗，我国古籍记载甚多。诸如：

地上、壁上以涂牛粪为净。唐玄奘《大唐西域记》载，印度"地涂牛粪为净"。宋周去非《岭外代答》记："西天南尼哗罗国（即华罗国，在今印古吉拉特邦）……屋壁坐席，涂以牛粪。家置坛，崇三尺，三级而上，每晨以牛粪涂，梵香献花供养。"明巩珍《西洋番国志》也记载：古里国（位于印度西海岸）国王敬象及牛，每夜令人收取黄牛粪，以铜盘装盛，早晨和水洒涂佛殿地上及各墙壁，"王家并头目及诸富家皆如此敬佛"。

用牛粪烧灰涂身、搽额。元汪大渊《岛屿志略》载，华罗国君主"以檀香、牛粪搽其额"。《西洋番国志》谈到，印度西海岸的柯枝国、"人以黄牛粪烧白灰，遍涂身体上下"，古里国国王和富有人家"又烧牛粪为细白灰，用好布为袋装盛，每早盥洗毕，以此灰调水涂额并鼻准及两股间各三次方见佛"。

人不得食牛肉。《西洋番国志》载，在古里国，牛死则埋之。"人不食牛肉，只食乳酪酥油，无酥油废食饭"。

杀牛者偿命。《岛屿志略》载，古里佛国（古里国）法律甚严，凡盗一牛。失主可"以牛头为准"，有权没收盗牛者的家产，并将盗牛者本人杀死。《岭外代答》也谈到，在印度的故临国，"国主事天敬牛，杀之偿死"。

印度的这种习俗也影响到邻国。《西洋番国志》和《西洋朝贡录》在叙述锡兰国（今斯里兰卡）时都说，该国国王"亦锁里人（泛指印度人）崇信佛教，敬象及牛。人以牛烧灰涂身。人不敢食牛肉而食其乳。牛死即埋之，若私宰牛者其罪死，或纳牛头金以赎其罪。王之所居，每早国人皆

以牛粪调水遍涂屋上地下，然后拜佛"。

印度人为何如此地将牛粪奉作神明予以敬祀呢？

传统的也是最为普遍的一种解释，认为与印度的宗教信仰有关。印度最古老的宗教是婆罗门教。该教产生在公元前 1000 年代初，最初崇拜的大都是自然神，如天神婆楼那，太阳神苏里亚，地母神波利蒂昆，马神达弟克罗，牛神毗湿奴等。其中的一些神后来开始成为主要神祇，从而出现了"三神一体"的梵天（创造神）、毗湿奴（护持神）和湿婆（破坏神）。相传，世界从梵天生，而梵天又从毗湿奴脐中生。毗湿奴皮肤深蓝，有四只手，分别拿着法螺、轮宝、仙杖和莲花，躺在巨蛇身上，在海上漂浮，肚脐上有一朵莲花。上坐梵天。他的妻子则是吉祥天女（命运、财富和美丽女神）。毗湿奴不仅有保护能力，而且能创造和降魔。他曾 10 次下凡投世，分别化作鱼、海龟、野猪、人狮（半人半狮的怪物）、侏儒、持斧罗摩、罗摩、黑天、佛陀、迦尔吉（白马），立下不朽功业。他有 1000 个称号。最常见的有"救世主"、"世界之主"等。到中世纪，印度教产生之后，毗湿奴又成为该教三大主神之一。公元 12 世纪，印度教内形成了以毗湿奴为最高天神的一个教派——毗湿奴教，该教派寺庙里供奉着他的神像。这样，原来作为自然神受到崇

拜的牛神毗湿奴，便先后成为婆罗门教和印度教的一个主神。尽管毗湿奴的形象已经人格化了，但其牛神的本来面目仍受到尊崇。印度教有的经典甚至诠释道：牛的两只角是苏格鲁和凯拉斯圣山，牛脸、牛颈和牛背上则分别住着三大神，牛屎是圣河，牛奶是圣海，牛眼是日月神，牛尾是蛇王神，牛毛是印度教的3.3亿个神。所以在印度，牛可以在街头巷尾大摇大摆地冲来撞去，或悠然自得地横卧街心而不受干预；牛不得被宰杀，用牛粪铺地、涂壁、抹身、搽脸被视作洁净之事。

到了近代，人们已不满足于单纯地从宗教方面所作的解释，认为应从印度社会制度的特征去发掘更深层的原因：古代印度长期存在一种特殊的村社制度，这种制度使每一个村社都成为独立的组织，过着闭关自守的生活。而这种田园风味的自给自足的农村公社使人的头脑局限在极小的范围内，成为迷信的驯服工具，成为传统规则的奴隶，使人屈服于环境，而不是把人提升为环境的主宰，把发展的社会状况变成了一成不变的由自然预定的命运，因而造成野蛮的自然崇拜的迷信，身为自然主宰的人竟然向牡牛虔诚地叩拜。

此外，对印度敬牛之习的渊源。人们还曾有另外一种解释，据《西洋番国志》记载，在印度的古里国，过去有一个国王是一位真命天子。有一次，他外出到别国去，出国期间让他的弟弟撒没嚓摄政。撒没嚓狂妄自大，野心勃勃，他铸了一条铜牛，假称道这就是圣主，若能崇敬它，当日便可获赏。国人贪金而忘天道，因此以敬牛为重。待国王返归，见此情景便责怪弟弟，废去其牛，并欲加罪。其弟即乘一大象遁去。但国人仍悬望撒没嚓回来，月初盼他月中必至，月中又盼他月终必至。巩珍认为，印度人敬象及牛之俗即源于此。这种解释又见于明黄省曾著《西洋朝贡典录》和马欢《瀛涯胜览》。

日本的百姓什么时候开始有"姓"的？

日本人的姓，有一些可追本溯源到1000多年前，例如"藤原"、"近卫"、"九条"等姓便如是。但是这些姓非常显赫，都属于王公贵族拥有。而另外的一些姓，可以说很大一部分姓却只有百年多的历史。因此，近代以前的日本人虽然也沿用中国的"百姓"一词称呼庶民，但这却是"有名无实"的，因为，那些被称为"百姓"的人，其实并非都拥有一个姓。那么，他们是何时开始有姓的呢？

日本传统社会，尤其是德川幕府时代（因其所在地在江户，也称江户时代，1603～1867年）严格地施行一种身份等级制度，除了天皇、贵族和僧侣之外，将社会人口按出身和职业分为士、农、工、商 4 种身份等级，世代相袭，不可更改。其中只有士即武士可以拥有带姓和带刀的特权，而其他 3 个等级即农、工、商则不可带姓和带刀。当时的日本在政治上是一种幕藩封建体制，天皇居住京都，无权无势，恰似一个中小领主，而幕府作为中央政府统治全国，地方则由各大名（封建诸侯）及其家臣武士团所直接统治。农民、商人和手工业者则被限定在各自的村落、城镇的一种相互监督、相互协助的共同体组织之中，并经由这些组织的首领向幕府、藩府的属吏交纳赋税和负担徭役。那些共同体组织是固定的、封闭的，范围也是狭小的，因此，各个成员之间相互熟识，没有姓而只有名字似乎在日常生活和劳动中也并无太大的障碍。

然而，庶民中也并非所有人都没有姓。例如，有些大商人经营有方，为幕府或藩的封建统治者在经济上排忧解难；有些城乡的共同体组织的首领、有特殊功劳者，以及道德孝行有称于人口者也被准许带姓或带刀。但是即使如此，这也并非意味着他们因此而获得武士同等身份等级，而且被准许带姓有的可以永久延续，有的则仅限于一代；此外，由藩府所准许的则只能限于在藩内通行。尽管如此，在日本传统社会中，"姓"虽然不是什么官职的名称，对当时的普通人来

说，它显示了一种不同寻常的社会地位。因此，必然为家庭带来名誉上的满足感和体面。

到了 1868 年明治维新以后，新政府积极推进"文明开化"和社会改良运动，除旧布新，同时标榜"四民平等"，取消了士、农、工、商的身份等级。著名的启蒙思想家福泽谕吉在《劝学篇》中提出"天不造人上之人，亦不造人下之人"。而当时的民部省（相当于财政部）的官员细川润次郎则明确提议让平民也带姓，他说："人有天赋之权利，但唯有武士有姓有名，农民和市民则只有名而无姓，实在是奇怪之事。人之有姓名原来是为了区别自己与他人，避免混乱，因此，即便是农民和市民，只要是人，就应该平等待之。"这些官方与民间的一些意见似乎促成了这一件事情的实施，但也有学者则认为，真正提出这一要求并推动政府实施的是陆军省。当时废除了封建性的身份等级制度以后，当兵打仗已不是武士的特权，为了建立新的国民军队，需要向普通人征兵，但是没有姓则难于征兵，即便征了兵，如果没有姓也无法登记注册和点名，此外。征税和义务教育制度也无法推行实施。因此。明治政府在 1870 年初开始颁布了一系列法令：从允许平民带姓到强制平民必须带姓。

由于这些法令的颁布，没有姓的日本人开始会合亲戚一起商讨决定自

己的姓的名称。于是，家居在桥边上的则称"桥本"或"桥尾"，家居在河岸或海岸边的则称"岸"。其他的有以所从事的职业为姓，如打鱼的称"鲷"（一种海鱼的名称），刷墙的称"左官"（日语中"左官"一词意为粉刷业者）等，不一而足。但是，明治初期的许多平民对此并不热心，也并不引以为荣，这也许是"物以稀为贵"原理的作用，人皆有之，也就没有什么可以自豪的。但是更多的是因为有了姓以后，便会上了户籍，上了户籍便带来了征税和征兵的烦恼，因此，他们非但不热心，甚至还存有戒心。因为这些人的拖延、推诿，地方官员与村长们只能率领木匠巡视各家，在没有姓氏木牌的住所门边钉上木牌，然后写上由这些官员随意想出来的姓氏来交差。对这种情形，1881年陆军卿（相当于陆军大臣）大山岩也不得不感叹："因为户籍不完整，在长崎等地一个兵也无法征集到！"而当时爆发的一些城乡居民的暴动，也都公开号召人民不要听从村长的命令，并且去掉户籍上的番号。这一切都反映了、或部分地反映了当时普通日本人对此的一些看法。

由于这些错综复杂的关系，致使日本百姓何时有了自己的"姓"成为了除本人谁也说不清的谜。

姓，对近代日本的普通人民来说，是一件新鲜事，但是，它也许带来的不是传统社会中的那种名誉上的满足感与体面，而更多的是烦恼，甚至是痛苦。因为，从那时起，姓从传统社会中的一种特权变成了近代社会中的一种义务，即通过征税、征兵而为明治国家"富国强兵"政策做出牺牲的义务。但不管怎么说，日本的百姓从此开始有了"姓"，并同时从传统社会的封闭、狭小的共同体组织的圈子中走出来，成为日本国民的一员。

日本武士道精神什么时候兴起的？

1912年9月13日，日本为明治天皇举行隆重的葬礼。就在这天，传来一个令人震惊的消息：日本陆军大将乃木希典为表示对天皇的绝对效忠，竟与其夫人双双剖腹自杀于寓所，开创了日本近代武士剖腹效忠的先例。此后，乃木被树为日本军人的偶像。这就是被日本统治阶级大加吹捧的所谓武士道精神。

武士道精神是日本武士军人特有的一种精神，这种特有的武士道精神始于何时呢？

不少日本学者认为武士道精神最早始于日本大化改新。公元7世纪，日本发生大化改新，进入封建社会，逐渐形成了一个特殊的阶层，即武士阶层。武士道精神是伴随着武士阶层的产生而出现的。作为武士，要讲究忠勇、善于杀伐、节义律己、视死如归。一旦战败时，宁愿剖腹自杀也不能当俘虏受辱，以此表示对主子绝对忠诚。

大化改新后的一二百年间，随着皇权的衰弱，地方豪强势力兴起。为了保卫自己的庄园，豪强把自己家族和仆人武装起来，组成一种血缘关系和主从关系相结合的军事集团。武士不仅负责保卫庄园，而且还是统治阶级借以镇压人民起义和平息地方贵族叛乱的重要武装力量。从此，日本武士集团开始活跃在日本的政治舞台上。

一些日本学者认为，大化革新后，虽出现了武士阶层，但尚未形成武士道精神，武士道精神的形成应始于日本幕府统治时期。

在封建社会，日本各个武士集团之间经常展开混战。到11世纪，关东的源氏和关西的平氏成为日本最大的两个武士集团。1185年，源氏击败平氏，控制了中央政权。1192年，源氏集团首领源赖朝取得"征夷大将军"的称号，建立起将军幕府的统治。这时的天皇已成为将军的傀儡，而各地的封建主纷纷投靠幕府。从此，日本开始了600多年的武家统治，即幕府统治时期（1192～1867年）。

为了控制和管理武士，幕府统治者制订出各种规章细则，把武士的思想作风和行动准则用法律的形式固定下来。1232年，镰仓幕府公布武家法规《御成败式目》，共51条。《御成败式目》的核心是强调"忠、义、勇"。所谓"忠"，就是下级武士要对主君绝对效忠，盲目服从。而主君则对家臣有生杀予夺之权。《御成败式目》规定武士必须敬神崇佛，提倡僧侣式的自我修养，以培养武士的愚忠精神。所谓"义"，即武士应有"义烈"的精神。在战争中，主君如果战死，武士要为主子殉死；主君如果战败，武士为挽回战败而招致的耻辱，应毫不畏惧地切腹自杀，视死如归。所谓"勇"，就是指封建武士不仅应娴熟"弓马之道"，而且更应为主君卖命。武士必须常年佩刀，以杀伐为荣，宣扬日本刀不见血不是真正的武士。武士道实际上是把儒教、佛教禅宗和神道思想三者融为一体的大杂烩，是军事封建专制主义的产物。

还有一些日本学者认为，幕府统治时期只是用法律的形式规定了武士的思想作风和行动准则，强调武士为主君卖命，尚未形成武士道精神。日本武士道精神的真正形成应始于明治维新。

18世纪以后，幕府政体逐渐衰落。武士阶层开始分化，一些下级武士逐渐脱离主家，改行从事教育、商业、手工业等，成了反对幕府的主要力量。1867年，以下层武士为主的倒幕派，迫使幕府将军德川庆喜还政于明治天皇。次年建立了资产阶级政权，日本逐步进入资本主义社会，明治政府成立后实行了一系列的改革，即"明治维新"。其中一项重要的内容就是对为数众多的武士阶层进行改造。政府取消了武士享有封建俸禄的特权，废除武士佩刀制度，改武士为"士族"。旧日庞大的封建武士阶层宣告瓦解。明治政府将封建时代对领主将军的效忠发展为对天皇的愚忠。在军队内外大力宣扬"武士道精神"，百般予以美化，甚至将其冒充为日本民族的固有精神。

明治政府成立之初，大肆宣扬"天皇系天照大神的子孙"，是"神武以来万世一系的天皇"。1882 年，明治政府颁布了《军人敕谕》，规定军人必须兼备"忠节"、"礼仪"、"武勇"、"信义"、"朴素"等五德，提出了具体的"武士道精神"。在日本政府审定的小学教科书第一册里，宣扬了在甲午战争中一个饮弹待毙仍坚持吹号，最后喊着"天皇万岁"死去的士兵的故事。第二册里宣扬了在日俄战争中死去的广濑武夫中佐的故事，广濑被宣传为"军神"而加以供奉。至于乃木希典，因他在日俄战争中强迫士兵实行"肉弹"攻击，即以士兵的血肉之躯攻占了旅顺，更被宣传为"圣将"、"皇国军人的表率"。后来他又为明治天皇剖腹尽忠，他一直被当做日本军人的楷模，被宣传了几十年。

在第二次世界大战中，日本武士道精神与法西斯主义、军国主义相结合，发展到了顶峰。1943 年下半年，日本在与美国争夺太平洋诸岛战役中，惨遭失败。但日本困兽犹斗，日本当局要求全体官兵和国民作最后的抵抗。在日本海军中曾出现由军人自愿组成的所谓"神风特别攻击队"，参加"攻击队"的飞行员驾着满载弹药的飞机企图撞击敌舰，与敌同归于尽。许多飞机尚未接近敌舰，便葬身于大海。1944 年，塞班岛战役中，日本守军上自司令南云中将，下至普通士兵，4.3 万人几乎全部战死或自杀。岛上日本居民的 2/3（约 2.2 万人）在"向天皇尽忠"的武士道精神的指导下，毫无必要地自杀，有的妇女甚至背着孩子从悬崖上跳入大海自尽。此情此景，令攻占塞班岛的美军不寒而栗。

1945 年 8 月，日本政府宣布无条件投降，日军上层人物自杀者多达 572 人。其中剖腹自杀的著名人物有：原铃木内阁的陆军大臣、大将阿南惟几，原东条内阁厚生大臣、军医中将小泉亲彦，以及号称"海军特攻之父"的海军中将大西泷治郎等人。

日本武士道精神以盲目的忠诚和服从为中心，被统治阶级利用和宣传，毒害甚广，迄今在日本还有一定的影响。它表明日本近代的资产阶级革命带有很大的不彻底性。

突厥人为什么把狼作为图腾？

狼这种动物，外貌丑陋，生性贪婪、凶残。汉语成语有狼心狗肺、狼狈为奸，都是贬语。奇怪的是，在某些古代民族的传说中，狼却被描述成热心抚育人类幼儿的善良动物，甚至被视作他们的祖先而加以顶礼膜拜。突厥人以狼为图腾就是一例。

突厥人最初大约居住在今叶尼塞河的上游，公元5世纪被亚洲北部大国柔然所迫迁至阿尔泰山的南面。6世纪获独立，并灭柔然，随后征服中亚，其领土东起蒙古高原，西抵波斯帝国边境。但不久分裂为东、西两部，东突厥于630年被中国唐朝所灭，西突厥人则向西迁徙。11和13世纪，西突厥人中的塞尔柱和奥斯曼两支部落先后迁徙到西亚，分别建立庞大的塞尔柱帝国和奥斯曼突厥帝国。现今土耳其国家的名称即源于突厥之名，土耳其民族则是突厥人和西亚原有居民长期融合的产物。

突厥人当其崛起之时，军旗上曾经绘有金色狼头，号称狼旗。像其他古代民族一样，旗帜上的动物图像往往是该民族古老的图腾的标志：古罗马人的军旗常常绘有鹰，称鹰旗，有些则绘上狼、马、野猪、牛头人身怪兽。这些动物都曾是古罗马人的图腾。

图腾一词，原是美洲印第安鄂吉布瓦人的方言，意思是"他的亲族"。人们认为自己的氏族同某种动物、植物或无生物之间有血缘联系，这一动物、植物或无生物就是氏族的图腾。他们崇拜本民族的图腾，通常禁止打杀和吃食，并以它作为本氏族的名称和标志。这便是人类最古老的宗教形式之一——图腾崇拜。图腾的形象往往被雕刻或描绘在住所、武器、用具，甚至氏族成员身上。突厥军旗饰有金色狼头，显然表明狼曾经是突厥部落的一种图腾。因此。突厥可汗不仅于"旗纛之上，施金狼头"，而且"侍卫之士，谓之附离"。附离，汉语的意思就是狼。

突厥人为何以狼作为自己的图腾呢？《周书·突厥传》记载了有关突厥人的两个传说。据其中的一个传说，突厥人的祖先原是在匈奴之北的索国，部落首领名阿谤步，有兄弟17人，其中一个兄弟叫伊质泥师都，是母狼生的。阿谤步等人生性愚痴，所以败落下去，而泥师都由于感受到特别的灵气，能够呼风唤雨。他娶了两个妻子，分别是夏神和冬神的女儿。有个妻子一胎生了四男，大儿子纳都六设住在践斯处折施山（在今叶尼塞河上游），由于关心同部落人的疾苦，多方予以周济，被大家奉为君主，国号突厥。但据另一传说，突厥人本是匈奴人的别种，姓阿史那氏。原来，有一匈奴部落为邻国所破，成员尽被杀戮，仅剩下一个年方十岁的男孩，兵人见其小，不忍杀之，但却砍掉他的双足，弃于草泽之中。有条牝狼用肉饲养这个男孩。男孩长大后，与狼合，牝狼遂怀了孕。邻国的国王听说此儿尚在，再次差人去杀掉他。来人见狼正在旁边，便想将狼一并杀死。但狼却逃走了，来到高昌国的北山。山有洞穴，穴内有平壤茂草，周围数百里，四面都是山，狼藏匿其中，生下10个男孩子。他们长大后，在外面娶妻成家，后代各有一姓，阿史那即其一。

以上两个传说，内容虽不一致，但有一个共同点，即认为狼是突厥人的祖先。《周书·突厥传》对此作了肯定，并进一步解释道：突厥人"盖本狼生，志不忘旧"。《隋书·突厥传》也说："故牙门建狼头纛，示不忘本也。"中国的封建史家不能拨开神话传说中的迷雾，也认为突厥人的祖先是狼，为了不忘本，他们就在旗纛之上绘上狼头，即以狼为图腾。这种解释在科学发达的今天，自然是难以令人信服的。所以，有关这方面的研究还在继续。

"蛮人"是"乱伦者"吗？

生活在西伯利亚东北部的楚克奇人属于所谓的"古西伯利亚人"。在其太平洋沿岸地区的居民中流传着这样一则故事：

很久以前，一场特大的饥荒导致了楚克奇人的大量死亡。最后，只剩下姊弟两人。姐姐业已成年，而弟弟尚在襁褓。姐姐含辛茹苦，终于将弟弟扶养成人，于是便要弟弟娶自己为妻："否则我们将断子绝孙，大地上将从此没有我们的族人。现在，没有人会看见我们成婚，也没有人说这是可耻的。世上已没有别人，只剩下我们两个。"然而弟弟执意不允："我说不出道理，但这是一件坏事，是被禁止的。"于是姐姐只得作罢，不过她开始另设别法。她去了一个遥远的地方，建造了一所风格迥异于自己居所的房屋，并准备了一切日用品和女子服装。然后，姐姐回来告诉弟弟说，她已在某地海边上发现了一个还活着的女人，所以敦促弟弟前去求婚。弟弟启程前赴海边，但是姐姐已暗暗地先行抵达那里，并变换了原来的服饰、容貌，乃至声音，宛若另一个陌生女子。弟弟并无丝毫怀疑，便愉快地娶她为妻。从此，姐姐不断地奔波于两地，轮流扮演着两个角色——弟弟的亲姐和弟弟的爱妻。最终，当她怀孕后，弟弟便不再思念姐姐，而与妻子在新居地生了许多孩子。这个家庭不断扩大，多年后发展成为整整一族人民。

乍看之下，这一传说似乎表明了楚克奇人颇有近亲或同胞结婚的陋习，类似古代某些"文明"史家所指责的"乱伦者"。但实际上并非如此。这一事例所展示的，恰恰是视近亲结婚为不道德的观念，否则，故事中的弟弟也不会执意不娶姐姐为妻，并声言这是"被禁止的"了。事实也确是如此：楚克奇人视近亲结合为乱伦大罪。

对于具有某种亲戚关系的成员实施婚姻禁制，不仅见于楚克奇人中，也见于其他许多部落中。例如，也属"古西伯利亚人"的科里亚克人便将许多种亲戚列入禁止通婚的范围内。这些人可以分成两大类：血亲和姻亲。就血亲成员而言，男子禁娶的女子为：生母、亲女、亲姐妹、堂（表）姐妹、姑母、姨母、亲侄女、亲甥女。除此以外，更远的直系血亲（例如曾祖父、曾祖母和曾孙辈）也属于禁婚之列。而就姻亲成员而言，男子禁娶的女子则为：继母、在世妻子的姐妹（不能同时娶亲姐妹为妻）、在世妻子的堂、表姐妹（不能同时娶堂、表姐妹为妻）、嫡弟之遗孀、亡妻的姐姐、侄儿的遗孀、弟兄之妻的姐妹（弟兄俩不能娶姐妹俩）、弟兄之妻的堂、表姐妹（弟兄俩不能娶堂、表姐妹俩）、继女。此外，一个男子还不能同时娶姑母、侄女或者阿姨、甥女；两个堂、表弟兄则不能分别娶姑母、侄女或者阿姨、甥女；叔、侄或舅、甥也不能分别娶亲姐妹或堂、表姊妹，以及姑母、侄女或阿姨、甥女。

尤卡吉尔人中更流行一种严格的回避制，对许多异性成员（甚至同性成员）之间的社交接触加以十分苛刻的限制。必须互相回避的成员被称为"纳希叶尼"，意为"互相羞于会面的人"。除了不少血亲成员必须成为"纳希叶尼"外，许多姻亲成员也必须互相回避。他们是：公公与媳妇；男子与其弟媳妇或堂、表弟媳妇；男子与其亲侄媳或堂、表侄媳；男子与其亲甥媳或堂、表甥媳；岳母与女婿。除此之外，岳丈与女婿、大舅子与妹夫也均在禁止交谈之列。凡属"纳希叶尼"，双方均不得直接问候，不能瞧见对方的脸面，不能在对方在场的情况下袒露自己的身体，甚至不能裸露膝盖以上的腿部。互为"纳希叶尼"的男子则禁止向对方显露自己的生殖器或者谈论性问题。他们也不能同时拜访一位姑娘。就执行这些规定的严格程度而言，姻亲成员更甚于血亲成员。

突厥部落雅库特人中则流行一种被称为"基尼蒂"的习俗。它禁止新婚儿媳与男方的男性长辈——尤其是丈夫的父亲——见面和进行其他接触。例如，媳妇不准从公公的火堆前面经过，而只能从西北方绕后面而行。又如，她不能直呼其公公之名；甚至当公公以某种常用物为名时，媳妇也只能以另一代称呼唤该物，比如，若公公名为"燧石"，则媳妇只能称燧石为"火石"。当媳妇不得不问候公公或婆婆时,就应尽可能拉低帽檐,以遮住自己的眼睛。当然,媳妇的头发、赤裸的脚和其他肉体更非公公所应看到。早先,"基尼蒂"还要严格:新娘婚后要在长达7年的时间里不让丈夫的父亲、弟兄或其他任何男性亲戚见到自己。如果实在无法避免会面,也必须遮掩自己的脸面。所以,有时候,男方的男性亲戚直到媳妇去世也未能一睹她的容貌。

科里亚克人实行"婚禁",尤卡吉尔人实行"回避制",雅库特人的"基尼蒂",显然都是旨在限制血亲通婚或近亲通婚。不过。他们对于血亲不宜通婚的原因却似乎不太清楚,例如,科里亚克人往往解释道:"这类亲戚如果同居的话就会很快死去。"有的尤卡吉尔人则解释回避制的原因道:"我们的父辈就是这样做的。"或者"聪明人懂得必须这样做。"也许,他们只是从长期的经验中得知血亲或近亲通婚不利于整个社团在身心方面的健康发展。从这些资料看,"蛮人"应该不属于"乱伦者"之列,但实际上情况却不像上述那么简单,所以这一问题还有待考证。

文化古迹篇
WEN HUA GU JI PIAN

太阳神巨像之谜

罗德岛是爱琴海上的一个岛屿，它因为建有世界七大奇迹之一的太阳神巨像而闻名于世。太阳神像建在岛北端的罗德市港口，形象为一个手举火炬、脚踩两岸的青铜巨人。进港的船只都要从他胯下通过，而明亮的火焰则昼夜不息地为来往船只引航。传说这座雕像建于公元前4世纪，当时罗德岛被马其顿人围攻，岛上居民坚守一年后终于取得了胜利。马其顿军退却时遗留下了大量的青铜武器。居民们请来雕塑家哈里塔斯，将这些武器熔化后铸成罗德岛的守护神——太阳神像。它耗费了450吨青铜，高达32米，脚趾头有一个人合抱那么粗，中空的两腿内填满了石头用以加固。然而在公元前226年的一次大地震

中，神像倒塌了。它在原址上躺了近千年，后来就下落不明了。

太阳神巨像的归属，有以下一些说法：一是说阿拉伯人占领罗德岛后把它熔成碎片，卖给了一个犹太商人，他们动用了近1000匹骆驼才将它运完。也有人说它是在用船运往意大利途中遭遇风浪，从此沉入海底。但铜像真的躺在港口近千年无人过问吗？据说神像倒塌后埃及的托勒密三世立即送来了重建铜像的资金，可见当时地中海沿岸各国的君主对此还是相当重视的。有没有可能被他们运回本国收藏起来了呢？由于没有任何实物资料，也有人怀疑罗德岛巨像只是以讹传讹，因为在许多书里关于巨像外形和位置的记述有很大的出入。毕竟这座巨像离我们太久远了，它的一切都已成为历史之谜。

迈锡尼文明古城之谜

迈锡尼文明的繁荣始于公元前 17 世纪,谁才是这一文明的创造者,一直是个争论不休的话题。自从迈锡尼的文字被识读,他们属于希腊人已经不成问题,而迈锡尼文明和米诺斯文明曾经相互影响也是不争的事实。人们还相信迈锡尼的繁荣来自与其他国家的广泛而平等的贸易,所以为这一文明作出了贡献的应该不只是一个民族的人们。公元前 13 世纪,迈锡尼的自负国君倾尽全力去攻打特洛伊,花费了 10 年时间,耗尽了人力和财力,虽然最终攻克了特洛伊城,整个国家却已经大大地伤了元气。迈锡尼文明从此一蹶不振。几百年之后,它自己的城池也被攻破,迈锡尼就永久地消失于人类的视线中了。

被挖掘出的迈锡尼城堡高耸在山顶,平面呈三角形铺展开去,守护在城堡门口的是一对已经无头但仍然威武的石刻雄狮。两只狮子顶着的是一条柱子的石板雕,被认为是皇族权势的象征。因此,迈锡尼城堡的大门得一美名——"狮子门"。狮子门往里,就是一处单独围着石墙的皇家墓井。墓井里发现的尸体多为黄金所包裹,有一具男尸脸上还戴着精致的黄金面具,妇女头上也装饰了各种黄金首饰,连墓内的小孩儿也是被黄金片所

覆盖。由此可见迈锡尼享有"黄金之城"的美誉确实当之无愧。除了墓地,城堡里还有皇家宫殿、楼阁、冠冕厅及起居室。城堡的东面还有大量商人的住处,在那里发现了不少陶器。人们由此推断迈锡尼古城里居住的全是皇族、政要和商人,是他们享有着迈锡尼文明的富裕果实。但是,迈锡尼本身并不出产黄金,那么多的黄金都是从哪里来的呢?迈锡尼高踞高山之上,也算是固若金汤,可为何在历史上却多次被攻破呢?更让人不明白的是,迈锡尼文明已经创造了自己的文字,并且被用来书写进行贸易时的货物清单,但他们却不在墓碑上刻下死者的名字和业绩,这有别于同时代及后世民族的树立丰碑的习惯,这又是为什么呢?

埃及的金字塔是如何建造的?

众所周知,在古代世界有"七大奇迹",而埃及的金字塔被誉为"七大奇迹"之冠,其中最为壮观的一座叫胡夫金字塔,它建于公元前 2600 年左右,高约 146.5 米,塔基每边长 232 米,绕一周约 1 千米。塔身用 230 万块巨石砌成,平均每块重 2.5 吨,石块之间不用任何黏着物,而由石与石相互叠积而成,人们很难用一把锋利的刀片插入石块之间的缝隙,时近

5000 年，经历了多少个世纪的风风雨雨，它仍傲视长空，巍峨壮观，令人赞叹。

这是人类文化史上的奇迹！关于金字塔的建造，曾引起许多学者研讨的兴趣，但他们的说法不一，大相径庭。

通常认为是这样建造的：首先是采石，工匠们把加工过的平整光滑的巨石用人或牛拉的木橇运往施工现场。木橇运行需一条平坦的道路，于是又得修路，仅这项工程就花去了 10 年时间。没有现代化的起重机，如何把一块块巨石一直垒到百米以上的高度呢？据传，工匠们先砌好地面一层，然后堆起一个与第一层一样高的土坡，再沿着土坡把石块拉上第二层。用这种方法，一层一层砌上去，待塔建成后，最后将土坡移走，让金字塔显露出来。在技术异常落后的古代，进行这样大的工程是十分艰苦的。古希腊著名史学家希罗多德曾在公元前 5 世纪到达过埃及，并对金字塔进行了实地考察，据他写的传世之作《历史》一书所提供的史料，人们可以获知，建造那座胡夫金字塔总共用了 30 年，建造时驱使 10 万人一批，每批服役 3 个月，轮流替换。这座大金字塔的建成，充分说明建造者已掌握了相当丰富的物理学和数学知识，显示了古代埃及劳动人民的聪明才智。

建造金字塔的巨石是用天然石块加工而成，还是另有别的制法？最近法国化学家戴维杜维斯在他的新作中认为，建造金字塔的巨石是用人工浇注而成的，而不是天然的石块。为此，这位科学家进行了试验，他将从金字塔上取下的小石块逐个加以化验，其结果表明，这些石块是由人工浇注贝壳石灰矿组成。由此推测，当时埃及工匠制造金字塔时，很有可能采用"化整为零"的办法，先将搅拌好的混凝土装进筐，再抬上正在建造中的金字塔。这样，只要掌握一定的技术，就能浇注成一块块巨石，将塔层层加高。这一新说也可以用来解释，为什么金字塔的石块之间会吻合得如此紧密。据这位法国化学家估计，当时在工地上劳动的奴隶约有1500 人，而不是过去设想的 10 万人。他还在石块中发现一缕一英寸长的头发。这缕头发可能就是古埃及人辛勤劳动和聪明才智的见证。他的这一见解引起了世界学术文化界的广泛注意。

有的科学家作了研究后得出有趣的数字：胡夫金字塔的塔高乘上 10 亿所得的数，和地球到太阳之间的距离大体相等；穿过大金字塔的子午线，把地球上的陆地、海洋分成相等的两半；用两倍塔高去除塔底面积等于圆周率 3.14159。金字塔所显示的耐人寻味的"魔力"真令人难以置信。于是，从 20 世纪 60 年代以来，不断有人提出大金字塔是天外来客建造的说法。西方学者冯·丹尼肯是这种"天外来客说"的主要代表。他认为：古埃及没有测量技术，本土又缺少石头和木材，造不出这样高大的建筑物；他又指出，建造这样的金字塔，承担国的人口至少应有 5000 万，但在当时全世界人口也不过 2000 万。丹尼肯甚至想象，天外来客为了建造这座大金字塔，带来了激光测距仪、电了计算机和起重机。

最近，在埃及更有惊人的发现，考古学家称金字塔内藏有外星人或生物。保罗·加柏博士与其他考古专家，对埃及金字塔的内部设计技术进行研究时，偶然发现塔内密室中藏有一具冰封的物件，探测仪器显示该物件内有心跳频率及血压显示，相信它已存在 5000 年。专家们还认为，冰封底下是一具仍有生命力的生物。科学家们又据该塔内发现的一卷用象形文字记载的文献获知，约距今 5000年前，有一辆被称为"飞天马车"的东西撞向开罗附近，并有一名生还者。该卷文献称这"生还者"为设计师，考古学家相信这外太空人便是金字塔的设计及建造者，而金字塔是作为通知外太空的同类前往救援的记号。但令科学家们迷惑不解的是，那外太空人如何制造了一个如此稳固、不会溶解的冰格，并把自己藏身于内？一般读者也许对唤醒这个冰藏外星人更感兴趣。

上述种种，使埃及金字塔的建造

充满了神话色彩，但与通常的科学认识毕竟离得太远，埃及金字塔的建筑充满了秘密。

狮身人面像发现和制作之谜

被誉为世界七大奇观的埃及金字塔，每天都要迎送从世界各地来这里游览观光的旅游者。为了让游人充分领略埃及古老灿烂的文化，埃及政府每天都在毗邻金字塔的狮身人面像的广场上举办"声与光"的文艺节目。演员们用英、法、德和阿拉伯语轮流演出，五彩纷呈的光柱，优美动人的诗句，雄浑回旋的乐章，使人们如痴如醉，流连忘返。特别是广场上巍然屹立的身高 22 米，长约 57 米，耳朵长 2 米的狮身人面像，更激起人们的赞叹和惊奇。一块天然巨石，竟然雕刻成如此栩栩如生的雕像。真是鬼斧神工。由此也给人们带来一个问题：这一奇迹是谁最先发现和制作的？

围绕着这个问题，世界上许多历史学家、考古学家，或埋首典籍，或遍访民间，或实地考察，努力揭示这一奥秘，然而纵观他们得出的结论，却又是各执一端，众说纷纭。其中有代表性的有以下几种说法。

有些学者认为，狮身人面像是妖魔斯芬克斯的塑像。其依据是流传埃及以至全世界的一则民间故事。相传在远古时期，在埃及忒拜城外，巨人堤丰与妖蛇厄喀德娜同居后，生下一怪物，他有美丽的人头，但身躯却是狮子的身躯，并长有双翅，取名斯芬克斯。斯芬克斯从智慧女神缪斯那里学会了许多深奥的谜语，生性十分凶残的斯芬克斯便以此来残杀百姓。他整年日夜守候在悬崖峭壁之间，或是通衢大道路口，强行挟持过路人猜出他所叙述的谜语，如果猜不出，他立刻就将这些人撕裂成碎片吞食，结果无数无辜身遭其害，就连国王克瑞翁的儿子也惨遭厄运。一时间，人心惶然，为了铲除这个恶魔，克瑞翁国王下令：如果谁能够征服斯芬克斯，他就将自己的王位禅让给他，并可以娶王后为妻。重赏之下，必有勇夫，希腊有位名叫俄狄浦斯的青年揭榜应征。当他找到斯芬克斯，斯芬克斯就出了这样一个谜语："能发出一种声音的，在早晨用四只脚走路，中午用两只脚走路，晚上用三只脚走路，在一切生物中，这是唯一的用不同数目的脚走路的生物。脚最多的时候，正是速度和力量最小的时候。这是什么?"俄狄浦斯略加思索，立即回答说："这是人呀！小孩的时候，是生命的早晨，小孩刚开始学走路的时候，是用两手两脚爬行，这就是'在早晨用四只脚走路'，虽然脚最多，却'正是速度和力量最小的时候'。长大后，成为壮年，用两只脚走路，这是生命的中

年。但到了年老体衰的晚年，走路需要扶持，因此需要拄着杖，以拐杖作为第三只脚。"

正确的答案，使斯芬克斯因失败感到羞愧而无地自容，为了赎罪恶，跳崖自杀。国王克瑞翁除了兑现自己的诺言外，为了让人们记住这个恶魔，便在斯芬克斯经常出没的地方，也即今天狮身人面像的所在地，用块巨石刻上斯芬克斯的形象，这就是狮身人面像的由来。

有些学者认为，狮身人面像是巨石天然风化而成，并非是什么人的发现和事后雕成。他们援引这样一件事，3400年前，当时埃及年轻的王子托莫来到基隆，即狮身人面像今天的所在地狩猎，因奔波了一整天，他觉得十分疲劳，便在一座沙丘上休息，没过多久，酣然入梦，梦中他见到一怪物，有着人的头，但却是狮子的身躯，这怪物对王子说："我是伟大的胡尔·乌姆·乌赫特（古埃及人崇拜的神，意为神鹰），泥沙盖住了我的身躯，如果你能去掉我身上的泥沙，我将封你为埃及的国王。"王子惊醒后，立刻调集大批民工，昼夜挖掘，沙尽石出，就是今天的狮身人面像。

有些学者则认为，上述观点的佐证均来自民间口碑资料，口碑资料虽然生动感人，但口碑资料，上下沿袭，真伪并存，不足为信，他们根据史籍记载，提出首先发现并制作狮身

人面像应该在距今 4230 多年前,当时的埃及国王是哈夫拉。这一年正逢金字塔刚刚竣工,为了巡视金字塔建造后的情况,他亲临建造工地,巡视过程中,当发现工地采石场上还有一块巨石被丢弃一旁未被使用时,国王哈夫拉颇感可惜,马上下令在场的工匠按照他的脸型,雕刻成一座狮身人面像,以资纪念。

经过多年的努力,工匠们终于完成了任务,造就了这座世界上最大狮身人面像,石像脸长 5 米,头戴奈姆斯皇冠,额上刻着"库伯拉"圣蛇浮雕,下颌雕有象征帝王威严的长须,在阿拉伯文中,它被称为"恐惧之神",是一种君主威严与权力的象征。

最近美国考古学家又提出一种新观点,这就是狮身人面像既非克瑞翁下令以斯芬克斯的容貌所雕成,也非王子托梦发掘而面世,更不是哈夫拉发现并以自己的脸塑就。因为根据他们的考察,这座狮身人面像大约在 1 万年之前就已建造成功,比历来史书所记载的要早 5000 年。在考察报告中,他们还说,狮身人面像的身体和头部大约在 1 万年前建成,5000 年后,法老凯夫伦完成了狮身人面像的背部,并用自己的面孔造型替代了原来的面孔造型。这一新的发现引起了世界史学界和考古专家的重视和关注。

埃及的狮身人面像本来就谜团重重,例如说它曾在 4000 多年前突然失踪,它的鼻子至今下落不明,每天清晨从它的身边发出令人莫测的歌声和泣声。如今谁是它的首先发现者和制作者又成了学者专家们争论不休的"热门话题",真可谓一波未平,一波又兴。

传说中的吴哥城

千百年来在印度支那半岛的高棉地区生活着的土著人中间流传着这样一个传说,在高棉内地的金边湖地区,到处都是幽灵与毒物,如果有谁触犯了这些幽灵,谁便难逃厄运。据说,这些幽灵就住在金边湖旁边的一座空无一人的古城堡里。这个城堡就是今天人们所知道的吴哥城。

1861 年,法国生物学家亨利·墨奥特来到法国领地印度支那半岛的高棉,他此行的目的是为了在这里寻找珍奇蝴蝶的标本。为了能够深入高棉内地,墨奥特雇请了 4 名当地土著充当随从,走进了一大片阴暗深沉的丛林区,他的心中挂念的只是能捕获一只品种罕见的蝴蝶。当他们沿着渊公河逆流而上时,一路上优美的风光和珍奇的动物让墨奥特开足了眼界,这些激发了墨奥特继续探寻下去的兴趣。

然而,就在他们准备返回的时候,5 座石塔出现在他们的眼前。传说中的城堡找到了。它的确如人们所说的那样空无一人，但是它却并非是传说中所说的供幽灵居住的城堡。

这个城堡就是举世闻名的吴哥城，吴哥城的古名叫禄派，是古蔑帝国的首都。古蔑帝国繁荣时期其人口总数达到了 200 万，他们具有高超的建筑技术，吴哥城就是其最伟大的建筑之一。

吴哥城东西长 1040 米，南北长 820 米，是一座雄伟庄严的城市，几百座大胆设计的宝塔林立，周围更有宽 200 米的灌溉沟渠，好像一条护城河，守卫着吴哥城。建筑物上刻有许多仙女、大象及其他浮雕，其中，许多头像尤为壮观雄伟。在这座古城里，寺庙、宫殿、图书馆、浴场、纪念塔及回廊一应俱全。

吴哥城的泯灭始于 15 世纪的一场战争。这一年，泰国人以 7 个月的时间攻陷了吴哥城，搜刮了大批战利品。第二年，当战胜者再次来到吴哥城时，却目瞪口呆地发现这里已经成了一座空旷的无人城，不但看不到半个人影，连畜生都不见踪影。这些人究竟到哪儿去了呢？没有人知道，也没有任何记载能够告诉我们这座城市空旷下来的原因。

于是猜测纷纭，有人认为可能是一场可怕的传染病侵袭吴哥城，大部分居民都相继死亡，侥幸生存者将死者焚毁以避免感染，然后怀着哀伤的心情远走他乡；有人认为吴哥城爆发了一场大规模的内乱，国民互相残

杀，所有的人都被杀戮一空，然而，这种说法的一个最大的破绽在于这里没有一具尸体留下。甚至有人猜测，也许是泰国人攻占了吴哥城后将所有的居民强行带到某地去做奴隶，但是，即使这样，吴哥城也会有老弱病残和儿童留下。

究竟是什么让吴哥城就这样成了一座空城呢？也许进一步的考察能给我们一个答案，也许我们永远也找不出这个答案。

珊瑚石城堡

在所有的文化遗址中，最现代的而又最富有浪漫情调的是美国佛罗里达州的珊瑚石城堡。

李特斯克奈是拉脱维亚人，他在失恋之后，远走美国，决心利用他住所附近的珊瑚石凿建座城堡，献给他永恒爱恋着的无情的情人。一道围墙围住他的工地，因此，没有人窥见过他的劳作。20 年之后，当城堡建成的时候，他也在迈阿密医院溘然长逝，当时是 1951 年。这简直是一座梦幻般的迷宫，浓荫掩映，怪石嶙峋，一会儿空旷幽韵，一会儿峭崖笔立，厅堂、居室、雕栏、喷泉、石桌、石椅、幽径、回廊，应有尽有，把人们引向一个神话般的世界。

一座镂刻着火星、土星的矿碴环宇的巨形石碑腾空而起，一张心脏形

的石桌中间镶着四季长鲜的名贵花卉，一只石头雕刻的日晷仪可以在一年之中的任何时刻向你显示当时的时间。

一座天文望远镜由两块巨大的珊瑚石构成，第一块凿有一个一英寸（1英寸≈2.54厘米）的小孔，高度和人的视线平齐，第二块足有25英尺（1英尺＝30.48厘米）高，顶头有一大孔，假如在晴朗的夜，视线通过小孔、大孔，可以准确地望到遥远的北极星。最令人惊叹、迷惑、百思不解的，是那扇重达9吨的石门，只要一个小孩轻轻一推，两扇威严、沉重的石门就会缓缓开启。李特斯克奈不是石匠，不是搬运工，不是建筑师，不是天文学家，然而，他却完成了石匠、搬运工、建筑师、天文学家，乃至物理学家加在一起都不能完成的工作。

他身材矮小，体重不足110磅（1磅≈0.45千克），而且孑然一身，他没有雇佣过一个工人，没有使用过任何现代化的起重设备，甚至也没有一件像样的专业工具，然而，他是怎样竖立这些石柱，雕凿这些杰作，吊起这扇石门的？

这又是一个难解之谜。

李特斯克奈给我们的启示是：如果我们相信，李特斯克奈确能用自己的智慧和伟力，完成如此浩繁的工程，那么，相形之下，古代的那些遗址，集千百万人的力量和智慧，就无

所不能，无奇可言了；如果我们不相信李氏能单枪匹马完成如此浩繁的工程，那么，是谁帮助了他呢？

孤独的智利复活节岛

智利的复活节岛，是世界上最孤独的地方之一，它坐落在茫茫无际的南太平洋水域，离南美海岸大约有3700千米，离最近的有人居住的岛屿也有1000千米之遥。当人们发现这个海岛时，在它上面已经存在着两种居民，一种是显然处于原始状态的具有血肉之躯的波利尼西亚人；另一种却是代表着高度文明的巨石雕像。现在岛上的居民既没有雕刻这些巨大石像的艺术造诣，又没有海上航行数千千米的航海知识，人们不禁要问，是什么人雕刻了这些石像，他们为什么要这样做，目的何在？这一切使这个海岛笼罩上了神秘的色彩，如果没有这些石像，复活节岛就如同太平洋上的许多岛屿一样平淡无奇了。

复活节岛被发现的历史并不长。追溯到1722年，是荷兰人首先登上此岛并为此岛命名的，恰逢那天是4月5日复活节，于是这座远离世界文明的孤岛有了一个响亮的名字——复活节岛。

此后，西班牙人等欧洲探险家们在几十年内先后多次登上此岛，引起人们极大探险兴趣的不仅是这个荒岛

上有土人居住，更重要的是岛上的几百尊巨石像。复活节岛虽然孤处一方，但世界上很多人都听说过那些遍布全岛的石像。这些被当地居民称为"莫阿伊"的石像，有着非常明显的特征：形态各异的长脸，略微向上翘起的鼻子，向前突出的薄嘴唇，略向后倾的宽额，垂落腮部的大耳朵，刻有飞鸟鸣禽的躯干以及垂立在两边的手，这些奇特的造型赋予了石雕以独特的风采，使人一眼就能认出它们。另外，有些石像头上还戴有圆柱形的红帽子，当地人称为"普卡奥"，远远看去，红帽子颇似一顶红色的王冠，更给石像增添了尊贵、高傲的色彩。

至于石像头上的红帽子，并非所有的雕像都有，享有这种特权的石像仅30多尊而已，只分配给岛东南岸15顶，北岸10顶，西岸6顶，这些佩戴红色石帽的石像宛如众多石像中的贵族。

使世人赞叹不已的石像已经成为这个天涯孤岛的象征。但在惊叹之余，人们不禁要问，石像代表什么呢？

几百年来，上述问题深深吸引了世界各国的人类学家、民俗学家、民族志学家、地质学家和考古学家，他们纷纷踏上这个小岛，试图去揭开这神秘的面纱。

当专家们向复活节岛上的居民请教后，得出令人奇怪的结论，即复活节岛上的居民并不知道这些石像的来历，他们之中并没有人亲身参加过石像的雕凿。就是说，他们对这些石像的概念就像我们一样一无所知。

这些石雕人像一个个脸形窄长、神容呆滞，造型的一致，表明它的制作者是依照统一的蓝本加工的。而石像造型所表现出来的奇特风格，为别处所未见，从而说明它是未受外来文化影响的本岛作品。可是，有些学者指出它们的造型与远在墨西哥蒂纳科瓦的玛雅——印第安文化遗址上的石雕人像，存在着许多相似之处。莫非是古代墨西哥文化影响过它，墨西哥远离复活节岛数千千米，这几乎是不可能的。

不可能的奇迹还表现在其他方面：这批石雕人像小的重约2.5吨，重的超过50吨，有的石像上还戴着石帽，石帽动辄也是件吨位沉重的大家伙。它们究竟是如何被制作者从采石场上凿取出来，如何加工制作，又采用什么办法，将它们运往远处安放的地方，使之牢牢地耸立起来。前几个世纪岛上居民还未掌握铁器。这一切多么令人不可思议。

于是，这里又出现一个相当严峻的问题——谁是岛上巨石人像的制作者？土人吗？显然这不太可能。

人们逐一统计了岛上的巨石人像，共有600多尊。他们还调查了这些巨石人像的分布，他们还在拉诺拉库山脉发现几处采石场。采石场上坚硬的岩石，像切蛋糕似地被人随意切割，几十万立方米的岩石被采凿出来。到处是乱石碎砾。加工好的巨石人像被运往远方安放，采石场上仍躺着数以百计未被加工的石料，以及加工了一半的石像。有一尊石像最奇妙，它的脸部已雕凿完成，后脑部还和山体相连。其实再需几刀，这件成品就可与山体分离，然而，它的制作者却不这样做，好像他忽然发现了什么，匆匆离去。

放眼望去，整个气势磅礴的采石场，的确让人感到一件不可思议的事情发生了，大批石匠不约而同地纷纷离去。采石场上零乱的碎石，好像是逃离时混乱的脚印。那些碎弃的石料上深深的凿痕，以及纷飞四布的石屑，又在向人述说当时充满热情与欢乐的劳动氛围。

工地上进度不一的件件作品，像凝固了的时针，指在突然同时停工的时间上，小岛到底发生了什么？

这是为什么呢？为什么雕刻这些巨石人像，已经是个谜了。而采石场为什么突然停工，又是谜中之谜。

许多学者研究了分布于小岛各处那600多尊石像，以及几处采石场的规模等情况后，认为这些工作量需要5000个身强力壮的劳动力才能完成。他们做过一项试验，雕刻一尊不大不小的石人像，需要十几个工人忙一年。利用滚木滑动装置似乎是岛民解决运输问题的惟一途径，

同时，这种原始的搬运办法，的确可以将这些庞然大物搬运到小岛任何角落。但是，这无疑又要占用很多的劳力。这暂且不说，令人困惑之处还在于，在雅各布·罗格文初到复活节岛时，他说岛上几乎没有树木。这就不存在利用滚木装置运送巨石人像的问题了。

那么，这些石像是怎么被搬运的呢？

还有，岛上这些石人像还有不少头戴石帽的。一顶石帽，小的也有2吨，大的重约十几吨。这又给我们带来一个问题，要把这些石帽戴到巨石人像的头上，又需要有最起码的起重设备。岛上树木不生，连滚木滑动这种最原始的搬运设备都不可能存在，吊装装置就更成了虚有之物了。

再说那5000个强壮的劳动力吃什么？靠什么生活？在那个遥远的时代，小岛上仅生活着几百名土著人，他们过着风餐露宿、近乎原始的生活，根本没有能力提供养活5000个强劳力的粮食。小岛上的植被、耕地提供的食物，以及沙滩上偶尔漂浮而来的鱼虾，更难以满足如此众多人口的最基本的生活需求。

小岛现在也仅拥有1800人，许多生活用品还要靠外来补给。

也许是宗教的力量，促使岛上的土著居民创造出这种人间奇迹。但岛上的原始居民并未信仰任何宗教，他们直至19世纪后期法国传教士到来

之后，才渐渐接受并信仰罗马天主教。这些面对大海的雕像，又究竟代表着什么宗教，连世居小岛的居民都说不清楚。

从宗教比较方面入手的学者们发现，复活节岛上的"鸟人"崇拜，颇似所罗门群岛上的绘画和木雕。所罗门群岛上的绘画和木雕所表现的"鸟人"，也是鸟首人身，大而圆的眼睛、长且弯的嘴喙，同时，从生活习俗方面加以比较，又能发现复活节岛与所罗门群岛的相似之处。复活节岛举行庆典时，主持人必须把头发剃光，把头染红。所罗门群岛也有染发习俗，而且由来已久，并且相当普遍。而复活节岛只有在举行庆典时这样做，这部分学者因此指出，复活节岛的鸟人崇拜和染发习俗，是受所罗门群岛的影响。

此外，复活节岛居民和所罗门群岛上的美拉尼西亚人，都有把耳朵拉长的习俗。罗格文就曾看见复活节岛某些居民的耳朵一直垂到肩膀上。这种习俗也表现在雕刻艺术上，譬如复活节岛上的巨石人像有不少都刻有长长的耳朵，而长耳朵的石人像在所罗门群岛就更常见了。

然而，这些零星的材料并不能使人信服。因为有的学者认为复活节岛上的鸟人崇拜应起源于南美大陆，拉长耳朵的习俗，在南美印加人祖先中也曾流传。

真是众说纷纭，莫衷一是。但耸立在复活节岛四处的巨石像，很容易使人想到位于安第斯山脉的蒂亚瓦纳科。因为那儿发现的巨石人像，其孤傲不逊的造型，面目清苦的面容，与复活节岛上的雕像如出一辙。但两地隔着高山和海洋，有近400千米的路程，这种空间的阻碍如何进行文化交流呢？

公元1531年，西班牙殖民主义者弗朗西斯科·皮扎罗，率兵进犯印加帝国（今秘鲁境内），当他向当地印第安人询问蒂亚瓦纳科的情况时，他们告诉他谁也没有见过这座灿烂的文明古城——蒂亚瓦纳科毁灭之前的情形，因为它建设时，整个人类尚处在漫漫长夜的洪荒时代。

从这个残存的线索中，不禁让人想到一个问题，倘若复活节岛的巨石人像是受蒂亚瓦纳科的影响，那么，是谁把设计蓝图、加工方法和吊装设备带往遥远的太平洋中部一个小小的荒岛？

很显然的是，原始的土著民族是不可能完成的。那么，传播这种文化的又是谁呢？

复活节岛留给世界的是一连串的哑谜。

神秘的石列、石棚和八阵图

在法国布列塔尼半岛上，有著名的卡纳克石列，数量集中，约3000块，平均排列，延伸3千米之遥，其时代距今 4000 年左右。

在爱尔兰东岸，有著名的纽格兰吉石棚，长约 19 米，内高约 6 米，下为墓室，约建于公元前 4 世纪。冬至时，初升的太阳光穿过石棚走廊，可直射到石棚尽头。

在埃塞俄比亚的古代首都阿可苏姆遗址上，屹立着十几根四棱形的巨大石柱，每根高达 35 米，重量达二三百吨，都是用整块花岗岩雕刻制成的。在黎巴嫩巴尔别克小村，有一个原始部落的神殿遗址，神殿外围城墙的 3 块巨石，估计都超过 1000 吨，另一块被称为"南方巨石"的巨石，长20.8 米，宽、高各超过 4 米，重达1200 吨以上，仅这一块石块，就可造3 幢高 5 层，正面宽 6 米，深 12 米的公寓大楼，墙厚可达 30 厘米。那些石器时代的古人怎样开采、搬运这个庞然大物的？

中国三峡浅滩上的"八阵图"，也是耐人寻味的。在千余米长，数百米宽的浅滩上，石岩散乱，漫不可辨。一旦登高俯瞰，则八八六十四垒，星罗棋布，排列森严，中间的方阵为中军，四周有"天、地、风、云、龙、虎、鸟、蛇"八阵，阵后设24 队游骑，相传为诸葛亮教演兵法的场所。

时至今日，没有一个人可以说清这些石列、石棚和石阵的"来龙去脉"。

不可测的玛雅金字塔

在墨西哥尤卡坦半岛上，耸立着许多气度非凡的金字塔，它是玛雅人留下的作品，其规模之宏伟，构造之精巧，乃至于情景之神秘，完全可以与埃及金字塔媲美。

以太阳金字塔为例：塔基长 225米，宽 222 米，和埃及的胡夫金字塔大体相等，基本上是正方形，而且也正好朝着东南西北 4 个方向，塔的四面，也都是呈"金字式的"等边三角形，底边和塔高之比，恰好也等于圆周与半径之比。

它们的天文方位更使人惊骇。天狼星的光线，经过南边墙上的气流通道，可以直射到长眠于上层厅堂中的死者头部；而北极星的光线，经过北面墙上的气流通道，可以直射到下层的厅堂。

他们建塔技术的高超也是惊人的。以库库尔坎金字塔为例，塔基呈正方形，共分 9 层，由下而上层层堆叠而又逐渐缩小，就像一个玲珑精致而又硕大无比的生日蛋糕；塔的四面各有 91 级台阶，直到塔顶，四面共364 级，再加上塔顶平台，不多不少，365 级，这正好是一年的天数，9 层塔座的阶梯又分为 18 个部分，这正好是玛雅历一年的月数。

玛雅人崇信太阳神，他们认为库

库尔坎（带羽毛的蛇）是太阳神的化身，他们在库库尔坎神庙朝北的台阶上，精心雕刻了一条带羽毛的蛇，蛇头张口吐舌，形象逼真，蛇身却藏在阶梯的断面上，每年春分或秋分的下午，太阳缓缓西坠时，北墙的光照部分，棱角就渐次分明，那些笔直的线条也从上到下，变成了波浪形，仿佛一条飞动的巨蟒自天而降，逶迤游走，似飞似腾，这情景往往使玛雅人如痴如狂。类似的奇观还出现在南美丛林，这种融天文知识、物理知识、建筑知识于一体所造成的艺术幻觉，即使用现代水平来仿制，也是非常困难的。

1968年，一批科学家试图探测这些金字塔的内部结构。令人费解的是，他们在每天的同一时间，用同一设备，对金字塔内的同一部位进行X射线探测，得到的图形竟无一相同。

美国人类学家、探险家德奥勃洛维克和记者伐兰汀，对尤卡坦进行考察时，发现许多与地道连通的地下洞穴，地道的结构与金字塔内的通道十分相似，他们拍摄了9张照片，能印出来的却只有一张，而且，这一张所拍摄到的，也只是一片旋涡形的神秘的白光，他们想起了埃及陵墓中令人毛骨悚然的法老诅咒，只好乖乖地停止了探测。

印度佛塔始建于何年？

佛塔起源于印度，梵语为Stupa，音译为窣堵波，多少年来，就印度的佛塔起源于何时？创建于何地？引起史学研究工作者的激烈争论。

有人认为：佛塔的制作是佛祖释迦牟尼在成道30日后亲自宣告大众的，他们引述《华严经·净行品》中"始欲建塔，当愿众生，施行福佑，究畅道意"。又引《摩诃僧祇律》卷二十三中："尔时世尊起伽叶佛塔，下基四方，周匝栏楯，圆起二重，方牙四出，上施盘盖，长表轮相，佛言作塔应如是。"再引《根本说一切有部毗奈耶杂事》卷十八中："应可用砖两重作基，次安塔身，上安覆钵，随意高下，上置平头，高一二尺，方二三尺。准量大小，中竖轮竿，次安相轮，其相轮重数，或一、二、三、四，乃至十三，次安宝瓶。"说明佛陀不但阐述了造塔的功德，还具体描述了造塔的步骤与规定。但是，也有人认为：《华严经》所述仅仅是佛塔的名词在印度的最早出现，而《杂事》是佛灭后的著作，因此不可作真。

有人引证流行在东南亚国家的一则传说，佛陀在世时，有弟子询问，怎样才能表示对佛的虔敬，佛陀听罢，将身上披的方袍平铺于地，再将化缘钵倒扣在袍上，然后再将锡杖竖立在覆钵之上，这样，佛塔的雏形便基本出现。后人由此认为这是佛塔形制的最早发生，可惜，这段传说并未见之于文学记载，可靠性是不大的。

倒是《十诵律》卷五十六和《摩诃僧祇律》卷三十三的两段记载颇能提供早期佛塔的资料，前者说："起塔法者，给孤居士深心信仰，至佛所，头面礼足，一面坐，白佛言：世尊，世尊游行诸国时，我不见世尊，故深渴仰，愿赐一物，我当供养。佛与爪（指甲）、发言：居士，汝当供养此爪、发。居士即时白佛言：愿世尊听我起发塔、爪塔。"后书也说："时波斯匿王闻世尊造伽叶佛塔，即敕载砖七百车诣佛所，头面礼足而白佛言：世尊，我得广作此塔不，佛言得，……即便作塔，经七月七日乃成，成已供养佛与比丘僧。"这两书上所叙述的给孤居士即给孤独长者，佛在世时拘萨罗国首都王舍城（今印度沙雄德、马维德）的富商，曾以黄金铺满祇陀王子的邸园精舍，而共同将精舍捐献作佛陀的说法重地，波斯匿王是当时的拘萨罗国国王，都是在佛教传布史上极为著名的佛的信徒和大护法。以上所说可认证为印度佛塔的最早建造者。

也有人根据《长阿含经》第四《游行经》记载的释迦牟尼在末罗国拘尸那伽城外娑罗双树林涅槃后七国建造佛塔的资料作证说：佛陀逝世火化后，出现许多圆明皎洁，坚固不坏的舍利子（灵骨），当时与佛陀有因缘的七国国王都派使者礼请佛舍利，拘尸那伽城居民拒不给予，引起争执，后在一香姓婆罗门调解下，将全部佛舍利平分八份，七国与拘尸那伽城各得一份，以后各建佛塔一座供养佛舍利，据《八大灵塔名号经》记载，这8座佛塔分别建立在：（1）迦毗罗卫城的佛伽诞生地蓝毗尼；（2）摩揭陀国佛成道时沐浴处尼连禅河畔；（3）波罗奈斯城佛初转经轮的鹿野苑；（4）舍卫国的祇树给孤独园；（5）曲女城；（6）王舍城；（7）广严城；（8）拘尸那揭（以上四至八处均为佛说法处）。另外，香姓婆罗门分得舍利瓶所建立的舍利瓶塔，毕钵村人民所得火葬焦炭所建的焦炭塔，这样，这10座佛塔可称最早出现的佛塔。遗憾的是，上述佛陀在世时所建两塔和佛涅槃时所建10塔迄今均已荡然无存，连遗址也无处考查勘察，因此有人怀疑其史实价值。

大多数学者赞同既有文献记载又有部分实物存在的阿育王8.4万塔说：阿育王或译阿输伽王与无忧王，公元前3世纪摩揭陀国孔雀王朝国王，他建立了空前的全印度大统一的帝国，在东征羯陵伽国时，看到了战争的惨状，大动悔悟之心。为了忏悔前愆，摆脱悔疚之苦，便皈依佛教，定为国教，印度建塔之风在这时达到空前的高潮。据《阿育王传》卷一和

《善见律毗婆娑伦》卷一记载：阿育王曾敕令收集佛涅槃时所建八大灵塔舍利，分别在 8.4 万处各建佛塔一座，据传，在这些灿若繁星的众多佛塔中，有 19 座安立在我国，今浙江鄞县阿育王寺舍利塔便是其中仅存的一座。又据考古学家鉴定：今印度马尔瓦附近的桑奇大塔主体覆钵部分就是阿育王佛塔的遗迹。

佛塔的形成与世间一切事物同样，有一个发生、发展与完善的过程。佛陀在宣扬教义时，必然会提到塔与造塔的功德和程序，其弟子如给孤独长者与波斯匿王等依仗其雄厚的实力而遵循佛陀教诲建造出实物形式的佛塔，但是，这种佛塔尚处在原始的初级阶段，简单而低矮。尔后，随着佛教在印度的蓬勃发展，塔的建造逐步进展，佛陀逝世后，各国护法国王为了表示对人天师尊的崇敬，相约造塔，安放供养佛舍利以作永久的纪念，到阿育王年代。这位以全身心崇奉、供养佛陀的君王，倾其全国财力建造 8.4 万佛塔，至此，佛塔的规模已趋完善优美。

但这个看似科学的解释却并未获得佛教人士的肯定，看来这项研究工作还得继续进行下去，希望有朝一日能够拿出让人信服的结论。

非洲石头城为谁所建？

每当鲜花怒放、景色宜人的金色十月来临时，无数踏上非洲土地旅游观光的游客络绎不绝地涌向久负盛名的"大津巴布韦遗址"，凭吊这座饱经人间沧桑的非洲大陆古文明遗迹，抒发他们的幽古之情。

大津巴布韦遗址地处津巴布韦首都哈拉雷以南 300 千米。津巴布韦在土著班图语中是"石头房子"或"可尊敬的石屋"的意思。早在欧洲殖民主义者入侵前，非洲人就在这里建立了自己的国家。19 世纪后期沦为英国殖民地后取名为南罗得西亚。1980 年独立后津巴布韦人民以勤劳的祖先创造的灿烂的石头城来命名自己的祖国——津巴布韦共和国。

石头屋遗址最早是被葡萄牙人发现的。1868 年的一天，一个葡萄牙猎人亚当·伦德斯在搜集猎物时经过一片葱茏茂密的原始林海，走出这人迹杳然的林海，一座用花岗石垒砌而成的古堡呈现在他眼前。这一发现使他惊喜万分。此后不少科学家先后来到这里参观考察。

整个遗址由内城、卫城、谷地残垣三部分组成，所有建筑物均用长约 30 厘米，厚 10 厘米的花岗石砌成，面积达 1 万多亩（1 亩≈666.67 平方米），其中以内城最雄伟壮观，而且保存得也最完整。内城形状如椭圆形，东北、南、北三面分别有一个进出口，城墙高约6米，东面城高为9米。城墙底部宽约5米，顶部约2.5米。城墙内还有历史更为久远的矮墙，与其他几道断壁残墙连接，从而将城内分割成好几个大小不等的围场，纵横交叉，通道犹如蜿蜒曲折的小路，人们在里面行走仿佛进入迷宫一般，神秘莫测。大围场东面坐落一座实心的圆锥形石塔，塔高11米，底部直径为6米，顶部直径约2米。离石塔不远处有一祭塔台，这是一个低矮的土台。据说原始社会时期，这里是举行生殖器崇拜的场所。

卫城建在离内城不远的小石山山顶上，周长244米。它是顺着山势的自然走向建造的。聪明能干的石匠凭借熟练的技巧，将山上天然的岩石和用花岗岩砌成的石块制作成一座天衣无缝的宏伟建筑物，其中有一段城墙还筑在大自然造就的岩石山嘴上，煞是壮观，令人赞叹不已。整个卫城犹如一座要塞，通往城墙的走道仅能一人行走，于防守十分有利。站在卫城顶上，真有"一览众山小"之感，把整个大津巴布韦遗址尽收眼底，气势甚为磅礴。卫城内还有一个古时皇宫举行祭祀活动的场所，一些科学工作者在那里找到了不少文物，其中有阿拉伯的玻璃，中国的青瓷残片，一块圆形白瓷片上还用青釉刻了"大明成化年制"6个字。这很可能是明朝郑和下西洋时带到非洲去的中国瓷器。

谷地残垣地处上述两者之间，遗址上散着一些矮小的石屋，从建筑规模和技术以及从当地挖掘出的实物分析，这里原先很可能是平民百姓的居住区。人们在此发现了不少中国青瓷和阿拉伯、波斯的器皿。

在这些古建筑群旁还保留着古代的梯图、水渠、水井，遗址地基上还找到了古代铸造钱币的泥模。从已经发掘到的文物看，大津巴布韦遗址曾经是一座非常繁荣的城市，农业、冶炼业、对外贸易都相当发达，而且一度与中国、阿拉伯、波斯等许多国家有着经济、文化的交往。这里的居民已通晓建筑学、力学、数学等多种知识，掌握不少生产技能。

自19世纪70年代，人们听信法国地质学家卡尔·莫克谗言后，大批人群蜂拥而至，大有要把遗址朝天翻个够的架势。那个法国人胡言乱语说，遗址中有的建筑物是仿照所罗门王在摩利亚山上修建的耶和华殿建造的，有的是仿照古埃及国王访问所罗门王时的行宫造的，而《旧约》中恰好又有所罗门王开采黄金的记载，于是这里竟误传成所罗门王开采、冶炼黄金的场所，结果遗址大部分让淘金狂给捣毁了，使遗址成了一个难解之谜。

尽管如此，不少学者还是根据现有掌握的材料对该遗址进行了有价值的科学研究，自然看法、意见有着大相径庭之别。不少考古学家认为这个建筑群是古代非洲文明的杰出代表，是津巴布韦人民的创造，而且在13～15世纪达到相当繁荣的程度。在这鼎盛时期，居民达万人以上。在首都哈拉雷博物馆里陈列的不少文物证明了这一点，尤其是5只"津巴布韦鸟"。相传很久以前，在遗址附近居住的一个部落头领发现了一只"津巴布韦鸟"，他将它藏在家里，1889年被一个南非白人骗去，后又高价贩卖给开普敦殖民地总督，1891年英国皇家地质协会通过探险家本特又将在遗址搜集到的5只津巴布韦鸟和一些文物运往南非。先后从遗址共发现了8只这样的石鸟，石鸟由古代津巴布韦人民用皂石刻成，神态各异，鹰的身体鸽子的头，身高分别为20～30厘米，站在1～2米高的皂石柱上。独立后的津巴布韦政府把此鸟作为祖国的象征，印在国旗上，并于1981年1月将5只石鸟从开普敦运回首都。

持反对意见者中一派认为，遗址由公元前来自地中海的腓尼基人建造的，认为非洲土著居民愚昧无知，不可能有如此高超的建筑工艺水平；而另一派认为是当地非洲人在中世纪时代外来文明及民族文化影响下造就的；阿拉伯人则根据遗址内城的圆锥形石塔形状和伊斯兰教清真寺的尖塔相同，断言是阿拉伯人的杰作。

至于遗址原是什么所在，那就更各说一是了，有说是部落酋长府邸的，有说是祭奠已故酋长亡灵场所的，有说是开采、提炼黄金所在的……为了弄清真相，一部分考古学家在战后对遗址进行挖掘、考察，但仅在内城地基中发现了两块木片，经科学仪器测定，木片是从公元500～700年间一种叫登布提的树上砍下来的，由此一部分人推断说遗址建于公元6～8世纪，但还有一些人不同意此说，认为证据不足，木片也可以是后来用上去的，也可能是其他建筑物上用过后再到这里来的。

总之，大津巴布韦遗址至今仍深邃莫测，也许将永远成为一个无法揭开的谜。

新巴比伦王国修建过通天塔吗？

《旧约·创世纪》第十一章曾有这样一段记述：古时候，天下众多的人口，全都说着同一种语言，人们在向东迁移时，走到一处叫示拿的地方，发现一片平原，就定居下来。他们商定在这里用砖和生漆修建一座城和高耸通天的塔，以便传扬名声，免得四处流散。这件事惊动了耶和华，他看到城和大塔就要建成，十分嫉妒人们的智慧和成就，便施法术变乱了人们的口音，使人们言语彼此不通。结果工程不得不停止下来，人们从此分散到了世界各地。大塔终于没有建成。

关于如何看待《圣经》中这段记述，史学界意见不一。有的认为《圣经》中这段传说，有所根据，主张《创世纪》记述的那座大塔的原型，就是古代两河流域（示拿）新巴比伦王国时代巴比伦城内马都克神庙大寺塔，这座大寺塔被称做埃特曼安基（意为天地的基本住所）。它动工兴建于新巴比伦国王那波帕拉沙尔（公元前626～前605年）在位时，到其子尼布甲尼撒（公元前604～前562年）在位时，才告落成，传于后世的一段铭文记述道："那波帕拉沙尔已把塔基建好，并建到30肘（约合14.7米）高，但还未建塔顶。后来尼布甲尼撒着手这件工作，把从黎巴嫩茂盛的森林中运来的雪松木斩开用作建筑材料，又把围墙的大门建造得辉煌壮丽，像白昼那样炫目。"修建时，尼布甲尼撒曾下令：务将塔顶提升，以与天公比高。近代考古发掘证明，这种多层方形寺塔，它的结构形式早在苏美尔远古时期就已出现，寺塔是苏美尔人祭神的地方，也是他们观察天象、思索宇宙奥秘的场所。当时人们认为神会从天上利用星的飞行降到寺塔里，来会晤敬神者，尼布甲尼撒兴建的大寺塔共有7层。最下层为黑色，依次为橘红、红、金、黄、蓝、银各色，表示着七星（日、月、火、水、木、金、土）。塔顶上修有四角镀金的小庙，庙里供有马都克神的金

像。据公元前229年的一件史料记载，大塔地基约295呎（1呎＝30.48厘米）见方，第七层距地面的高度也是295呎。同近代考古发掘测定大塔的地基每边长90米大体相符。考古发掘证明建筑用的材料是砖和生漆（沥青），与《圣经》中的记述一致。这座高达90米的大塔，相当于一座20多层的高楼，在古代确实能给人以耸入天际的印象。被尼布甲尼撒俘虏封巴比伦城内的犹太人曾亲眼目睹过这座大塔，甚至很可能亲自参加过这类建筑的修建。他们在自己的国家里，从来没有看到过这样宏大的建筑物，他们觉得这个高塔会通到天上。《圣经》中提到的耶和华惩罚人们妄想修建高塔，因而创立不同语言的传说，包含有尼布甲尼撒大兴土木时，参加修建工程的犹太俘虏的责咎情绪，有关传说也反映了新巴比伦王国时代，巴比伦城内居民种族众多、语言复杂的情况。公元前5世纪古希腊历史学家希罗多德在其所著的《历史》一书第1卷181节中，对这座大塔有过下列记述："在这个圣域的中央，有一个造得非常坚固，长宽各有一斯塔迪昂（古希腊长度单位，约合185米）的塔，塔上又有第二个塔，第二个塔上又有第三个塔，这样一直到第八个塔。人们必须循着像螺旋线那样地绕过各塔的扶梯到塔顶的地方去。在最后一重塔上，有一座巨大的圣堂。"希罗多德说塔共有8层，可

能是把塔基的土台或塔顶的庙也计算在内了，公元前321年，马其顿王亚历山大远征到巴比伦时，这座大塔已遭破坏，为了纪念自己的武功，亚历山大曾有意重建此塔，可是，据估算，只是清除地面材料，就需动用一万人，费时两个月，由于工程浩大，亚历山大只好放弃了这个念头。

有的学者不同意《圣经》中提到的通天塔就是新巴比伦时代马都克神庙大寺塔的说法，认为在巴比伦城内，早在新巴比伦时代以前就曾有两座神庙，一座叫做萨哥一埃尔（意为"通到云中"），一座叫做米堤一犹拉哥（意为"上与天平"），它们可能就是关于通天塔传说的素材。但是，有关这两座神庙，没有发现更多的史料。

还有的学者认为传说中的通天塔是乌尔大寺塔，它位于巴比伦城东南135呎处，遗址占地约两万平方呎，边长约135呎。相传，这是古代闪族人从乌尔迁到迦南时建造的，把乌尔大寺塔视为通天塔，其理由有三：（1）如果像《圣经》上传说的那样，闪族人曾有过从东方到西方的大迁徙，那可能就是指族长率部从乌尔迁到迦南。（2）在所有巴比伦的寺塔中，乌尔塔的工程最大，修建时间最早。（3）此处为造高塔的理想场地，这里是冲积地，上游带来的淤泥提供了取之不尽的建筑原料。

关于《圣经》记述的修建通天塔一事，是否属实？如果确有其事，通天塔修建于何时？修建的始末如何？其规模式样又是怎样的？这些问题一直是不解的疑谜。

古麻刺朗国王的王陵到底在何处？

古麻刺朗王国是古代东南亚的一个小小的岛国。在明代以前，我国历代朝廷均不知有这个小国的存在。到明朝永乐年间，随着我国经济的繁荣与发展，航海事业日新月异，朝廷不断派出庞大的使团对外进行经济、文化交流活动。继郑和七次下西洋之后不久，明成祖又下令让太监张谦率团出使东南亚一些国家，在途经淳泥等国家的航程途中，竟发现了一个以前从不知道的名叫古麻刺朗的小国家。张谦回国后当即将这个重大发现禀报明成祖。

永乐十五年即1417年9月，张谦作为皇帝的特使，手捧明成祖的诏书正式出访古麻刺朗国。他在晋见国王斡剌义亦敦奔时，代表明皇朝向其表达了友好之意，并赠上中国特产绒棉、纱罗、纻丝等礼物。古麻刺朗国王见自己一个小国家竟受到大明皇朝如此恩宠，十分欣喜，心想如果能进一步得到明皇朝的庇护，不但可以以此抵御周围一些国家的欺压和凌辱，而且还可通过贸易往来、文化交流促进本国的繁荣。3年后，至永乐十八年即1420年10月，古麻剌朗国王斡剌义亦敦奔决定启程朝贡大明皇帝。国王亲自率官员入贡，受到了明成祖的热烈隆重的欢迎和接待。整个京城锣鼓喧天，鞭炮齐鸣，皇城内锦衣卫陈设仪仗，庞大的宫廷乐队高奏起《感皇恩》曲子。斡剌义亦敦奔国王入乡随俗，一切按照中国礼仪行事。他和其妻子、儿子、大臣身着大明皇朝朝服，下跪于丹陛，拱手加额，高声三呼成祖皇帝"万岁!"当晚，明成祖在奉天大殿摆设盛宴款待古麻剌郎国嘉宾。

古麻剌朗国王一行自此在中国一住半年，至第二年即永乐十九年（1421年）春天启程回国。不料在路过福建时，斡剌义亦敦奔国王染上重病，不久即不幸亡故。明成祖特赐谥号"康靖"。下令由礼部主事亲自主办丧礼。并按王公规格在当地营建陵寝，永乐二十二年即1424年10月古麻剌朗国新国王剌苾为报答明皇朝，派叭谛吉三等人奉金表笺到京，向大明皇上朝贡珠宝、长颈鹿等物。此后因东南沿海倭寇骚扰和西班牙入侵，古麻剌朗国不再派使臣到中国。时光流逝，转眼5个多世纪过去了。这个古麻剌朗国"康靖"王陵究竟现在何处？

不少海内外人士历尽艰辛希望寻找到康靖王陵，但终因历史变迁，至今未能查考到王陵原址。

1988年4月，菲律宾总统科·阿基诺来华访根寻祖。《福建日报》在4月16日发表了《中菲两国人民友好交往的历史见证，菲律宾——古国国王葬于福州》一文，文章生动介绍了古麻剌朗国王斡剌义亦敦奔一行来华朝贡。殁后赐葬神州大地的感人史事，点明了国王葬于福州，但没说具体地址。

《福建日报》说法来源于《福州府志》。《福州府志》卷23《冢墓》云："康靖王墓在草市都茶园山。"《闽都记》曰："永乐间古麻剌朗国王入贡，以疾卒，赐谥'康靖'，有司营葬，春秋祭之。其陪臣数姓皆内附官，给廪食。"从上可见，康靖王陵当在福州西郊凤凰池北之茶园山一带。

福建省和福州市领导曾多次组织考古工作者去福州市郊踏勘查寻，但均未找到陵址。据凤凰池村老人讲，早年那里确实存在康靖王陵，陵前有石翁仲二，石马、石羊各一头，分列在陵墓两边。石人着明朝朝服，一文一武。陵前有一座石碑，碑文字体如蝌蚪状，无人认识。1952年在此兴建福州市传染病医院时，有人目睹石人、石马、石羊从茶园山半山坡上被推土机推下山来。目击者说康靖王陵呈圆丘形，陵前竖有两根旗杆，即望柱，面积约300平方米，封土系糯米汁、石灰、沙土拌成，非常紧固。但这些文物无一件保留下来。

据历史记载，自古麻剌朗国王病殁后，每年清明、重阳时节，明朝政府都派官员前往王陵祭祀。留在中国守陵的国王陪臣和他们的后代，均由当地政府发给俸薪和廪食。这些人随着历史岁月的流逝，已与中华民族融合在一起，在中华大地上繁衍生活。至今还能找到陪臣后裔葛氏家人。葛蔚庵是其始祖，康靖王下葬后他就居住在王陵西边的洪塘镇，当地官府奉朝廷之命发给房屋、田产、俸薪。到明末，葛氏家族中已有不少人出人头地，迁往府城定居。至晚清时散居在杨桥头、宦贵巷、仓角一带，大多从事教书，有一个叫葛世枢的还当过光绪皇帝的老师。现在葛氏家族中仍有不少是教育工作者，有的还以访问学者身份去欧洲讲学。

然而，康靖王陵究竟在哪里呢？人们从点滴历史资料和调查访问中只能知道它很可能在福州市郊，至于具体何处是王陵原址，恐怕难以考证了。

泰姬陵的建造迷雾

世界七大建筑奇迹之一——泰姬陵，华丽壮观，气势磅礴，举世闻名。然而，长期以来，围绕着泰姬陵的设计建造和艺术流派问题，却引起了印度国内外学者们的关注和争议。使人尤感兴趣的问题是：（1）究竟是谁建造了泰姬陵？欧洲文艺复兴时代的大师们是否参与设计？（2）泰姬陵是伊斯兰建筑艺术的典范还是一座印度教神庙圣殿的遗址？这后一个问题耐人寻味，最近几年又有人提出一些新说，并作了新的探讨。

众所周知，屹立在印度亚格拉近郊亚穆纳河畔的泰姬陵，是莫卧儿帝国第五代皇帝沙·贾汉为思念缅怀其宠妻阿柔曼·巴纽皇后而建造的一座陵园。皇后原名蒙泰姬·玛哈尔（意为"宫中首选"或"宫廷之光"）。相传，年轻貌美的泰姬19岁就为莫卧儿皇帝生儿育女，共生了14个。1631年在生最后一胎时，不幸因难产而离世。沙·贾汉惊悉后，悲痛至极，在病榻前，他曾答应皇后两项遗愿：一是不再续娶；二是为她建造一座陵墓。嗣后，世人一直把泰姬陵视为沙·贾汉对爱情忠贞不渝的一个象征。也把它看成是印度莫卧儿伊斯兰文化中的瑰宝。

一般史书的记载是，泰姬陵始建于1631年（一说1632年），由来自中亚各地、土耳其、波斯、印度和欧洲国家的建筑师和工匠参加营造。每天动员两万劳力（一说10万），耗费4000万卢比（相当于400万英磅），历时整整22年（包括附属工程）。泰姬陵全长583米，宽304米，四周是红砂石墙。整座陵墓占地17万平方米。陵寝居中，东西两侧各建有式样相同的红砂石建筑：一是清真寺；一是答辩厅，对称均衡，左右呼应。陵的四方各有一座高达 40 米的尖塔，内有 50 级阶梯。此塔专供穆斯林阿訇拾级而上。登高朗诵《古兰经》，高呼阿拉，祈祷朝拜之用。从大门到陵寝有一条用红石筑成的甬道，两旁是人行道，中间有水池和喷泉。池水倒影，奇花异草，灌木浓荫，相互映辉。甬道末端即陵墓所在。整座陵墓建在一座高 7 米、长 95 米的白色大理石底基上。陵高 74 米，上部为一高耸重叠的穹顶，以苍天为背景，轮廓优美；下部为八角形的陵壁，四面各有一扇高达 33 米的巨大拱门。门框上用黑色大理石镶有《古兰经》经文。陵寝内还有一扇精美的门扉窗棂，传说是出自中国工匠的雕刻。在中央宫室里设有一道雕花的大理石围栏，内置放沙·贾汉和泰姬陵的两座大理石棺椁，但其真棺则安放于底下的一间地下室内。棺椁上以翡翠、玛瑙、水晶、珊瑚、孔雀石等 120 余种五颜六色的宝石镶嵌出精致的茉莉花图案，其工艺之精细、色彩之华丽，可谓巧夺天工，无与伦比。由于整座陵墓系纯自大理石砌成，因此，一日之中，随着晨曦、正午和晚霞三时阳光的强弱不同，照射在陵墓上的光线和色彩就会变幻莫测，呈现不同的奇景，每逢花好月圆之夜，景色尤为迷人。

总之，陵园的构思和布局是一个完美无比的整体，它充分体现了伊斯兰建筑艺术的庄严肃穆、气势宏伟，富于哲理。那么这一宏伟壮观杰作的设计和建造者是谁呢？目前，有关这座建筑物的设计者和艺术风格流派问题，大致有三说。一曰"波斯伊斯兰说"。数十年来，《大英百科全书》的作者一直认为，泰姬陵的建造者是沙·贾汉皇帝。主要设计者是波斯人（一说土耳其人）乌斯泰德·伊萨，由他总揽其事，没有一个印度人参与构思；二曰"欧亚文化结合说"。代表人物是英国旧牛津学派的印度史学家史密斯。他认为，泰姬陵是"欧洲和亚洲天才结合的产物"。因为当时欧洲文艺复兴时代的一些建筑大师，如意大利人吉埃洛米莫·维洛内奥，法国建筑师奥斯汀·德·博尔多均参加了设计，且在艺术风格上具有西方影响。此说遭到印度穆斯林史学家莫因·乌德一丁·艾哈迈德的驳斥。后者在 1904 年写了一本书，题名《泰姬的历史》，完全否认这座具有典型的伊斯兰艺术的建筑物会出自西欧文艺复兴时代大师们的构思；三曰"主体艺术印度说"。持这一看法的学者中，有已故的印度著名史学家马宗达。他说，在探讨这一设计功劳归于谁时，不应忘却印度自身的因素。（1）泰姬陵的平面图和主要特点不完全是新的，它与苏尔王朝舍尔沙的陵墓和莫卧儿胡马雍的陵墓，在建筑上有师承关系；（2）就建筑材料——纯白大理石及其上面的宝石镶嵌工艺水平而言，在西印度的拉杰普特艺术中早已存在，不能把此陵的设计和建造完全归功于波斯的影响和支持作用；（3）考虑到莫卧儿时代对西方已开放，东西方文化交流日趋扩大，西方艺术的某些因素对印度建筑风格带来影响，也是符合历史逻辑的。

可谓各抒己见，莫衷一是。然而，学者与史家的争论并没有到此罢休。1968年，伦敦一家书店出售了奥克教授撰写的《泰姬·玛哈尔是一座印度教神庙圣殿》一书。此书问世后，使人颇为惊讶，于是，争端复起。少数学者开始搜寻论据，试图论证奥克教授之说是否言之有理。这样，它使对此陵怀有浓厚兴趣的人们再次陷入迷津。1986年。一个名叫戈德博尔的人写了一本小册子——《泰姬·玛哈尔》。它以一问一答的对话方式，对泰姬陵是否沙·贾汉下诏建造一事，提出种种异议，并作了新的解释。异议之一是，一些史书记载的建造泰姬陵"动用两万劳力，历时22年"的说法，源出于法国珠宝商人塔维尼埃之口，他在17世纪对印度作过5次访问，回国后写成《印度之行》（三卷）一书。但他本人并没有看到泰姬陵的破土动工，也没有目睹它的大功告成，更何况他不会讲波斯语和印地语。因此。他的道听途说之言，令人难以置信。异议之二是，与塔维尼埃同时代的一些欧洲旅行家，在他们写的游记和报告中，均未提及

此陵。异议之三是，英国一些考古发掘报告书中，亦无专门考证泰姬陵的记载，甚至连19世纪末就任印度考古总监的坎宁安勋爵也不曾访问过泰姬陵。异议之四是，考虑到亚穆纳河河水的涨落，早在建陵前就已经有人修筑河堤与城墙，它们决非沙·贾汉所建。异议之五是，根据波斯文编年史《帝王本纪》的记载和穆斯林史学家赛·穆·拉蒂夫撰写的《历史上和记述中的亚格拉》一书的说法，"选择陵墓的遗址，原是曼·辛格王公的一座圣殿，但现今已归属其孙子贾因·辛格的财产了。"综上所述，戈德博尔得出的结论是：沙·贾汉从未建造泰姬陵，他只是在印度教王公的圣殿的基地上，拆除和搬迁了不符合他需要的东西，进行了改建。此说颇为新奇，但世人至今尚难以接受和信服。

美洲金字塔与非洲金字塔有关系吗？

据科学考察，人类祖先在非洲生活的历史要上溯到200万～300万年以前。这是地球上最古老的一块大陆，而人类进入美洲的历史只有1～2万年时间（也有说4～5万年的），然而在最古老的大陆和最年轻的陆地上却都矗立着许多雄伟壮丽、气势傲然的金字塔。被称为世界七大奇观之一

的非洲金字塔主要集中在埃及尼罗河下游两岸河畔吉萨及其以南的广大地区，总共约有 70 多座，其中以吉萨大金字塔最闻名，它包括 3 座金字塔，而尤以第四王朝法老胡夫金字塔规模最为壮观，气势最为磅礴。另外两座是哈夫拉（胡夫之子）金字塔和孟考拉金字塔。美洲金字塔则密布在墨西哥和中美洲的危地马拉和洪都拉斯等国，其中以墨西哥的太阳金字塔、月亮金字塔、奇钦·伊察金字塔、乌斯玛尔金字塔、帕伦克金字塔和危地马拉的蒂卡尔金字塔、洪都拉斯的科潘金字塔最盛名天下。1979 年美、法两国科学家在考察大西洋海底古建筑群时，竟在西半球百慕大三角海区的海底下又发现了一座金字塔。据科学测定，这座海底金字塔规模比胡夫金字塔还宏伟，边长 300 米，高 200 米，塔尖距海面 100 米，塔身有两个大洞，海水飞速穿过洞口，在海面上掀起一股汹涌澎湃的狂澜。人们不禁要问，这些分散在年轻大陆上的金字塔与古老非洲土地上的金字塔之间有何联系呢？它们之间有何不同呢？它们是在什么年代建造的呢？

与对待所有事物一样，学术界对此也存有不同的看法。一种认为美洲金字塔是当地土著居民在其世代生息的土地上创造的古老文明的杰出象征，它不是外来文化的延伸，更不是外来文化的翻版。根据科学测定和实地考察，史前美洲印第安人是在贫瘠的原始土地上开始其劳动创造，进入人类历史社会的。勤劳的印第安人经过长期的劳动实践和社会发展，凭借其双手和聪颖的大脑创造了灿烂的、独特的美洲文明，金字塔正是这文明的一个代表。抱此观点的专家学者认为，说美洲金字塔是埃及金字塔在美洲的翻版是毫无根据的，首先，拿不出任何确凿的、令人信服的证据，证实美洲金字塔出现以前，埃及金字塔诞生之后两洲居民间存在来往与文化联系；其次，虽两者均作为统治阶级的权力象征，为维护、巩固其统治地位而建造，但两者之间的不同点也是极为明显的。非洲金字塔是作古埃及国王——法老的陵墓用的。塔内部有中心部分，塔只是中心部分的外壳，美洲金字塔是僧侣、贵族用以进行宗教祭祀和举行盛大典礼的场所。埃及金字塔最早建于公元前 27 世纪埃及第三王朝时。相传古埃及民间流传着这样的神话，很久以前有一名叫奥西里斯的法老，他教会人民种地、开矿、酿酒等。人民十分尊敬他，但其弟塞特为篡夺王位阴谋将他杀死。奥西里斯妻子还未将其安葬，尸体又被塞特剁成 14 块扔到各处，奥妻最终还是找到了尸体碎块，并在各地埋葬。后来奥西里斯儿子长大成人，为父报了仇，并将埋在各处的父亲尸体碎块挖出，制成"木乃伊"，不久在神的力量帮助下，奥西里斯复活了，当了阴间的法老，专门审判死人，保护人间法老。以后法老就以此欺骗和恐吓人民，谁要反对法老，不但生时受到惩罚，死后也要受苦。从此每个法老死后都将尸体制成木乃伊，放入石棺葬入坟墓。当时坟墓十分简单，只在地上挖一个坑，再堆成一个沙丘。后来就将墓穴深挖成地下室，地面沙丘周围砌上一道石墙，当地称为马斯塔巴即石凳。到埃及第三王朝，法老约赛嫌马斯塔巴不宏伟，于是就在上面加起了5个一层比一层小的"马斯塔巴"，并从顶端往下挖一竖坑，直通地下走廊、房间，这就是埃及第一座金字塔形的陵墓。美洲金字塔是古代印第安人的祭神活动中逐步发展起来的。古代印第安人信奉多种自然神，如太阳神、月亮神、雨神、河神、天神等。他们登上高山之巅进行祭奠活动，以示更靠近神灵，而生活在平原、河谷地带的印第安人则在平地建起土丘，在土丘顶端筑起庙宇，以祭祀用。随着筑坛祭神活动的盛行和发展，神坛的规模也越来越大，逐渐建成为金字塔形，而且金字塔的建筑艺术也越来越精巧。整个金字塔和塔顶庙宇与神坛中的神像、石碑及其他石雕艺术品集中反映出不同时代和地区的古印第安人的政治、经济、文化，并代表了不同时期印第安文化的特点与风貌，与埃及金字塔无共同之处，同时也反映出金字塔是美洲古代印第安人社会的神权中心。正因此，前者是空心的，而美洲金字塔是实心台基。此外两者外形上也有差异，一个是四棱锥形，塔身仅一面有入口处，直通墓穴，而另一个是四棱台形，塔身分成若干截，正面有台阶……至于有人说到两者在反映经济、社会制度乃至宗教方面存在相同之处，从而反映在建筑、艺术上存在共性，持此观点的这派认为。这种共性不能说明美洲和非洲这两个被不可逾越的时空所隔绝的文明之间曾有过接触。因为人类所普遍具有的才智在不同地点和时期，有可能创造出相似的工具、器具、房屋，相似的社会形态和宗教信仰。至于作为统治者巴卡尔陵墓保存下来的帕伦克金字塔只能是个例外。

反对此观点的一派认为，美洲金字塔和非洲金字塔属同一文化范畴。且前者是受后者影响的产物，其依据之一是，被称为"铭记的神庙"的帕伦克金字塔就是一座埋葬帕伦克统治者巴卡尔的墓穴，墓穴结构及其墓葬品反映了美洲金字塔和非洲金字塔在文化上有其共性，也说明都有一个发达的经济结构，存在等级森严的社会群体和一个以神权为中心的政权，还表现了相似的宗教信仰。依据之二是两者金字塔都是立体四棱形，外观上有相近之处。此外均是有规则的几何形状的巨石建筑。再有根据实验可推断，即使在数千年前埃及人也有可能横渡大洋到达美洲，从而将古老大陆文化传到新大陆。伊凡·范瑟提玛在其《哥伦布以前到来的人们》一书中明确指出，埃及人曾于公元前800～前680年同美洲人接触过，美洲金字塔是在埃及人到达美洲后出现的。

综合以上信息，你觉得哪一种看法更符合历史事实呢？

神秘的巨石阵

在英国古老而广漠的平原上，矗立着许多奇特的巨石建筑，它们默默地在风雨中经过了几千年，注视着人间的沧桑。这就是令人百思不解的古代巨石阵遗址。这些雄伟壮丽的神秘巨石阵吸引了来自世界各地的旅游观光者和众多为之困惑的考古学家、历史学家、建筑学家和天文学家。

比较著名的巨石阵遗址位于英格兰南部沙利斯伯里。石阵的主体是由一根根巨大的石柱排列成几个完整的同心圆。石阵的外围是直径约90米的环形土岗和沟。沟是在天然的石灰土壤里挖出来的，挖出的土方正好作为土岗的材料。紧靠土岗的内侧由56个等距离的坑构成又一个圆圈，坑用灰土填满，里面还夹杂着人类的骨灰。这些坑是由17世纪巨石阵的考察者约翰·奥布里发现的，因此现在通常称之为"奥布里坑群"。坑群内圈竖着两排蓝沙岩石柱，现已残缺不全，有的只留下原来的痕迹。巨石阵最壮观的部分是石阵中心的砂岩圈。它是由30根石柱上面架着横梁，彼此之间用榫头、榫根相连，形成一个封闭的圆圈。这些石柱高4米、宽2米、厚1米，重达25吨。沙岩圈的内部是5组砂岩三石塔，排列成马蹄形，也称为拱门，两根巨大的石柱，每根重达50吨，另一根约10吨重的横梁嵌合在石柱顶上。这个巨石排列成的马蹄形位于整个巨石阵的中心线上。马蹄形的开口正对着仲夏日出的方向。巨石圈的东北侧有一条通道，在通道的中轴线上竖立着一块完整的砂岩巨石，高4.9米，重约35吨，被称为踵石。每年冬至和夏至从巨石阵的中心远望踵石，日出隐没在踵石的背后，增添了巨石阵的神秘色彩。

根据科学家实地考证，巨石阵最早是建于新石器时代后期，约公元前2800年，那时已建成了巨石阵的雏形——圆沟、土岗、巨大的踵石和"奥布里坑群"。公元前约2000年开始是巨石阵建筑的第二阶段、整个巨石阵基本形成。这个阶段的主要建筑是蓝沙岩石柱群和长长的通道。巨石阵的第三期建筑最为重要，约在公元前1500年。这时建成了沙石圈和拱门，巨石阵已全部完工，这就是我们现在看到的雄伟壮丽的巨石阵遗址的全貌。需要指出的是：整个巨石阵的工程需要150万个人工，而整个建筑过程中，始终没有发现用轮载工具和牲畜的痕迹。

从现在看来，巨石阵的建筑规模和工程难度对于早期人类来说，简直是不可思议的。它的建成比埃及最古老的金字塔还要早 700 年，然而究竟是谁建造了这雄伟的巨石阵，现在仍然众说纷纭。有人认为是当地早期居民凯尔特人建造的墓穴，也有人认为是古罗马人为天神西拉建造的圣殿，还有人认为是丹麦人建造用来举行典礼的地方，甚至有人认为是外星人的创造，然而这些虚无缥缈的想象都没有确凿的证据。

几百年来，神秘的巨石阵遗址一直困扰着人们，为了揭开巨石阵的迷雾，有众多的科学家致力于这方面的研究。关于巨石阵最早的记录是 1126 年英国史学家杰弗里编写的《中世纪编年史》，它记载了亚瑟王的谋臣梅林用魔法把巨石阵从爱尔兰运到英格兰以作葬地之用的功绩。而另有一种传说：巨石阵是入侵英国的古罗马祭司朱伊特建造的祭坛。直到现在，每年夏至，还有人身着朱伊特的白袍，聚集在巨石阵周围，吹响号角，迎接夏季的到来。

传说终归是难以使人相信的，对于巨石阵的研究，几百年来从没有间断过，然而巨石阵原先的建造目的究竟是什么还令人费解。以往的考古学家大多数认为：巨石阵是举行祭祀活动的宗教场所，或是当时英格兰早期居民的墓地。这种观点可以从"奥布里坑群"里发掘出的人类遗骨得到有力的证明。因此，持这种传统观点的人很多。但是，类似这样的巨石阵分布在地中海沿岸，主要是英国和法国的广大地区，由此来看，它们不可能都是祭坛或墓葬。

另一种比较令人信服的观点认为巨石阵是远古时代的天文观测仪器。持这种观点的当然是一些天文学者。的确，巨石阵的神秘色彩与天文学有异乎寻常的联系。早在 200 年前，就有人注意到巨石阵的主轴线指向夏至时日出的方位，而冬至的落日又在东西拱门的连线上。1965 年，波士顿大学的天文学家霍金斯通过计算机测定，巨石阵的排列可能与太阳与月亮在天空运行的位置有关，而 56 个奥布里坑群则能准确地预报日食、月食。在他的《巨石阵解谜》一书中说道："实际上，奥布里坑群组成的圆环可能曾被用来推测许多天体的运行情况。"他还推断祭司们是通过转动坑群标记来跟踪日月运行进行推算。这种天文学观点曾轰动一时，得到不少人的支持，但是巨石阵究竟是否真的是天文观测仪还有争议。巨石文化专家阿特金森指出：当时蒙昧落后，没有任何先进计算工具的史前人类是不可能建造如此精密的天文仪。英国天文学家霍伊耳也提出异议：作为天文观测仪的材料为何一定要用难以开采的大砂岩而不是轻便的木材和泥土？

这样不是要耗用大量的劳力吗？而且奥布里坑群中的人类遗骨也很难与天文学联系起来。再者说，如果是高度发达的史前文明的结晶，为什么又消失了呢？

巨石阵遗址究竟是天文观测器，还是进行祭祀活动的宗教场所，或是其他别的什么东西，目前仍然是个谜，也许永远也不能揭开。

神秘的太阳门

世界上最高的淡水湖——的的喀喀湖东南21千米、海拔4000米高的层峦叠嶂的安第斯高原上，有一座前印加时期的蒂亚瓦纳科文化遗址。自1548年西班牙殖民主义者发现了这个被印加人称作蒂亚瓦纳科的小村落、并向外界报道后，以精美的石造建筑为特征的蒂亚瓦纳科文化就此著称于世。自那以后，围绕这个遗址是什么时代建造的、由何人建造的、究竟是什么所在整整讨论了4个多世纪。

这是一个分散在长1000米、宽400米的台地上的大遗迹群，地处太平洋沿海通往内地的重要通道上，遗址被一条大道辟为两半，大道一边是占地210平方米，高15米的阶层式的阿加巴那金字塔，另一边是由长118米、宽112米的台面组成的卡拉萨亚建筑。该建筑至今仍完好无损，四周围以坚固的石墙，里面有梯级通向

地下内院，西北角就坐落着美洲古代最卓越、最著名的古迹之一——太阳门。它被视作蒂亚瓦纳科文化的最杰出的象征。

蒂亚瓦纳科文化是公元5世纪~10世纪之际影响秘鲁全境的一支文化。作为该文化的代表太阳门，由重达百吨以上的整块巨型中长石雕镌刻而成。造型庄重，比例匀称。它高3.048米，宽3.962米，中央凿一门洞。门楣中央刻有一个人形浅浮雕，人形神像的头部放射出许多道光线，双手各持着护仗，在其两旁平列着3排48个较小的、生动逼真的形象，其中上下两排是面对神像的带有翅膀的勇士，中间一排是人格化的飞禽，浮雕展现了一个深奥而复杂的神话世界。这块巨石在发现时已残碎，1908年经过整修，恢复旧观。据说每年9月21日黎明的第一缕曙光总是准确无误地射入门中央。

在印加人创造蒂亚瓦纳科文化年代，尚未使用有轮子的运输工具和驮重牲畜，因此在这云岚缭绕、峭拔高峻的安第斯高原上建造起如此雄伟壮观的太阳门，确是不可思议。16世纪中叶，西班牙殖民主义者见到这座庄严的古建筑时，曾认为是印加人或艾马拉人造的。但艾马拉人不同意此说。认为太阳门远为古老，是太阳神维拉科查开辟天地，建造了太阳门和蒂亚瓦纳科其他各种动人心魄的建筑群。欧美大百科全书叙述了两种传

说，一个传说说是由一双看不见的手在一夜之间建造起来的；另一传说说是那些雕像原是当地居民，后来被一个外来朝圣者变成了石头。长期定居在拉巴斯的奥地利考古学家阿瑟·波斯南斯基则在 20 世纪上半期提出一个假想，认为该文化年代可上溯到13000 年前，它建在一个巨大的甜水湖岸上，湖水来自融化了的冰河期的冰川，由科拉族、阿拉瓦族缔造了史前期的城市，太阳门是个石头日历，后来火山爆发或其他自然灾害毁灭了这古老城市和文明。然而上述这些说法仅是神话传说而已。

为弄清蒂亚瓦纳科文化的来龙去脉，美国考古学家温德尔·贝内特用层积发掘法证明该文化最早年代为公元 300～700 年，太阳门等建筑在公元 1000 年前正式建成。这里原是宗教圣地，朝圣的人群跋山涉水去那里举行朝拜仪式，可能就在朝拜同时运来了建筑材料，建造了这些宏伟建筑物。前苏联历史学家叶菲莫夫、托卡列夫也赞同这一观点。但问题是，在当时生产力极为原始，怎么把重上百吨的巨石从 5 千米外的采石场拖曳到指定地点，要完成这任务至少每吨要配备 65 人和数英里长的羊驼皮绳，这样得有 26000 多人的一支庞大队伍，而要安顿这支大军的食宿，非得有一个庞大的城市，但这在当时还没出现。另有不少人认为，当初是用平底驳船从科帕卡瓦纳附近采石场经过

的的喀喀湖运去石料的，据地质考察，当时湖岸与卡拉萨萨亚地理位置接近，后来湖面降低才退到现在位置，如这一说法成立，那使用的驳船要比几个世纪后的殖民主义者乘坐的船还要大好几倍，这在那时也是不可能的事。

玻利维亚著名的考古学家、蒂亚瓦纳科考古研究中心主任卡洛斯·庞塞·桑西内斯和阿根廷考古学家伊瓦拉·格拉索用放射性碳鉴定，蒂亚瓦纳科始建于公元前 300 年，公元 8 世纪以前竣工，一般认为在公元 5～6世纪。建造者可能是安第斯山区的科拉人。他们都认为太阳门是宗教建筑。不过前者认为蒂亚瓦纳科是当时举行宗教仪式的中心场所，太阳门是卡拉萨萨亚庭院的大门，门楣上图案反映了宗教仪式的场面。伊瓦拉·格拉索认为，太阳门很可能是阿加巴那金字塔塔顶上庙堂的一部分，因为把它看作凯旋门或庙堂的外大门，显得过于矮小，尤其是中间的门道，稍高的人非得弯腰才能通过。美国的历史学家艾·巴·托马斯也认为遗址是科拉人建造的，但不是宗教活动场所，而是一个大商业中心、文化中心，阶梯通向之处是中央市场。太阳门上的浅浮雕，其辐射状的线条表示雨水；两旁的小型刻像朝着雨神走去，以象征承认雨神的权威。

至于有人将蒂亚瓦纳科说成是某一时期外星人在地球上建造的一座城

市，太阳门是外空之门，那无疑是极其荒诞的一种看法了。

虽然 400 多年来，对蒂亚瓦纳科文化，对太阳门众说纷纭，各持己见，但相信有那么一天，太阳门的本来面目会揭示天下。

幽光不散的"圣井"

在彻琴伊特扎天文台附近有一口被当地人视为神圣的"圣井"。公元1524～1529 年，在尤卡坦地区担任大主教的西班牙人迪戈·戴·朗达，在介绍当地历史时说，每逢大旱，祭司们总要祭祀这口井。为祈求雨神息怒，就要举行隆重的仪式，把童男童女投入这口井中。

1877 年，美国考古学家爱德华·赫伯特·汤普森主持挖掘了这口圣井，他们从井底臭气冲天的淤泥里，不仅发掘出许多珠宝和艺术品，还有童男童女的尸骨。

爱德华虽然证实了迪戈的记载，然而这口圣井给人们带来了更多的困惑——这口井是怎样出现的？为什么当地人要把它视为"圣井"呢？还有，同样的井在附近还有数眼，为什么这眼井独独受到特别的青睐？

距那座天文台不到 100 米的丛林里，还有一眼与"圣井"十分相似的水井。从井壁风化剥蚀的情况看，它和"圣井"极为相似，井水的深度也

一样，在幽绿的色泽中闪烁着棕和血红相间的颜色。毫无疑问，两口井的年代是一样古老的，许多学者只提"圣井"，而忽略了这口井。这口井的神秘价值在于当它和"圣井"划出一条直线时，那座被称为卡斯蒂略金字塔的天文台的顶部，恰恰在这条直线的中部，而且非常准确，两口井距天文台的顶部都是 984 码（1 码≈0.92 米）。

这表示了什么？没有人能够解释。有一点至少是清楚的，这两口井应早于天文台存在，而且天文台选址是以两口井的等距离作为建造依据的。

这座金字塔似的天文台属于天神库库尔坎，即"羽毛蛇"所有。蛇形图案在玛雅古代建筑上到处可见。在热带丛林里原来有许多美丽的花卉，可以成为绘图或雕刻的题材，然而，玛雅却不这样，他们特别偏爱蛇。从远古到现代，蛇一直是蛰居地上的爬行动物，为什么玛雅人会赋予它以飞行的能力。

据研究，天神库库尔坎很可能与后来的另一位天神奎茨尔科特尔是同一个人物。

玛雅人的传说告诉我们，奎茨尔科特尔是位长着长胡子，身穿白袍，来自东方一个未知国家的神。他教会玛雅人各种科学知识和技能，还制定了十分严密的法律。据说，在他的指导下，玛雅人种植的玉米长得像人那么粗大，他教人种植的棉花，能长出

不同的颜色。奎茨尔科特尔在教会玛雅人这一切之后，便乘上一艘能把他带向太空的船，远走高飞了。而且，这位天神告诉怀念他的玛雅人，说他还会再回来的。

在供奉这位贤人的天文台旁，出现的这些水井究竟意味着什么？它当时出现的真实用途又是什么？

又是一个难解之谜。

玛雅文化的难解之谜，何止是这些水井。像奎茨尔科特尔这样的神灵，是作为大传教士、律师和法官，以及大科学家和农艺师，来到玛雅人中间的。他既然怀着善良的愿望普度众生，那么他肯定也会教给贫困而愚昧的玛雅先民，使用轮子、制造车辆，以摆脱肩挑步行之苦。然而，考古学家从未在历史的土层下发现玛雅人使用过车辆和轮子。这又是一个悬而待解的谜案。

阿卡华林卡脚印

尼加拉瓜西部马那瓜湖以南有一个叫做阿卡华林卡的地方，它从一个被人遗忘的穷乡僻壤变为当今尼加拉瓜的旅游胜地，完全是得益于这里发现的一处古人类足迹遗址。最早发现者是一个名叫厄尔·普利特的美国医生，19世纪他一直生活在那里。但是，他将重大发现公布于世后没有激起多大反响和引起学术界的注意。直

到第二次世界大战期间，华盛顿卡内基博物馆的考古学家和人类学家才给普利特的发现以高度的重视，博物馆派出不少专家、考古工作者去那里进行发掘工作。从此，慕名而来的游客、参观者络绎不绝，阿卡华林卡变得热闹非凡。后来尼加拉瓜政府把它辟为全国重点文物保护单位，凡前往参观者均须事先征得文化部同意，方可一睹为快。

这处被尼加拉瓜人习惯称之为阿卡华林卡脚印的古人类足迹，经考古学家们鉴定已有6000多年历史。原先脚印并不裸露地面，而是深深埋在地面以下几米的泥土里。经过数千年的大自然变迁和气候变化，尤其是雨水不断侵蚀、冲洗，脚印终于露出地面，沐浴在阳光下。

整个古人类足迹遗址由两个石坑组成，一个为正方形，另一个呈长方形，坑深约2—3米，坑底平整，石头地面，就在这平坦整齐的石头地面上印着一排排大大小小的、深浅不一的脚印。然而不管脚印大小、深浅，均清晰可辨，有的甚至连每个脚趾都可看得清清楚楚，仿佛雨后人们在湿润土地上刚刚走过留下的。在这些人们的脚印中间时而还夹杂着一些动物的足迹。

人们不可理解的是，这些明晰可鉴的脚印是如何留在坚硬的石头上的呢？为什么阿卡华林卡一带地面都是石头路面呢？经过考古学家

科学分析和鉴定得出这样结论，即这里的石头原来都是由附近火山喷发出来的岩浆冷却、凝固、硬化而成的，而那些脚印是岩浆尚没有硬化成石头前留下来的。那么人们又不禁要问，人和动物又怎么能在滚烫的岩浆上行走呢？

考古工作者和科学家们在对阿卡华林卡及其周围地形进行了详尽周密的考察和分析研究后，发现这里正地处尼加拉瓜火山最集中的地区，南面由火山爆发而形成的火山湖泊就有 3 个，世界著名的、也是美洲大陆惟一终年保持熔岩液态的火山——马萨亚火山就在阿卡华林卡东北面。那是一片火山洼地，面积 54 平方千米。马萨亚火山海拔 615 米，顶峰的圣地亚哥火山口常年沸腾，金色熔岩劈啪作响地翻滚，最高温度达 1015℃。马萨亚火山旁边还有一座活火山。因此，几千年来这里的火山喷发几乎一直在进行着。科学家们推断，很可能在哪次火山突然喷发的时候，人们正在睡梦中，或在田野里劳动，没有丝毫防备，也来不及逃避，只得等到火山喷发间歇时找个场所躲避一下，这些脚印正是被惊吓的人们在逃离火山喷发现场时留在硬化过程中的熔岩上的。熔岩的凝结和硬化过程非常快，从滚烫的岩浆化为冷却的岩石仅几小时的功夫。不过人们又看到，当火山喷发出岩浆后还有大量火山灰从火山口喷射出来，火山灰犹如厚厚一层石棉盖在熔岩上，起了隔热的作用，同时又使人能在火山灰上行走时，在正在硬化的熔岩上留下清晰的脚印。美国的科学家和考古工作者为了证实这个推断的正确，在 1915 年加利福尼亚拉森火山爆发的现场作了上述的试验，结果正是如此。此外，从阿卡华林卡周围的地理位置看，当时要逃的话，只能朝北面的马那瓜湖方向，而那些古人类脚印正是朝着波光粼粼的马那瓜湖湖边延伸过去的。

然而，另外一部分专家、学者不同意上述看法，他们提出，当一个人遇到危险，处在岌岌可危境地时。头脑里第一个闪念就是想方设法尽快脱离虎口，因此这时他一定是使尽解数拼命奔跑。但现在人们看到的足迹是，脚印间距离很短，这是人在慢慢悠悠地行走时留下的足印，而不是遇险奔跑时留下的，何况有的脚印还踩得很深，似乎连脚跟到脚踝都深深陷进了泥土里，这只有在负荷情况下才会这样，难道这些人在逃离时还身驮着许多东西不成？这实在是不符合常理，也很难使人理解和相信。

阿卡华林卡脚印至今被一层神秘的迷雾笼罩着。人们带着疑团前来参观，但直到离开时仍对这些稀奇的脚印充满了疑惑和不尽的遐想，也许有那么一天。拨开迷雾见真相，也许将永远成为一个不能解开的谜。

文化谜题
WEN HUA MI TI

三皇五帝究竟是谁

"自从盘古开天地，三皇五帝到如今。"记得这是小学课本里的名句，然而，多少年之后，当别人问起三皇五帝究竟是谁时，却很茫然。

先说三皇吧。三皇总名最早见于《吕氏春秋》，三皇的分名最早见于《史记·始皇本纪》中的李斯奏议，李斯说："古有天皇，有地皇，有泰皇，泰皇最贵。"而《春秋纬·命历序》则以为三皇是天皇、地皇和人皇，用人皇夺泰皇之位。到了宋代，罗苹注《路史》引孔衍《春秋后语》力图调解这个矛盾，认为泰皇即人皇。

这个矛盾暂时解决了，而五帝配三皇的矛盾更为突出，仅汉代学者之间就至少有4种不同说法。一种意见认为三皇为伏羲、女娲和神农；另一种意见认为是伏羲、神农和燧人；第三种意见认为是伏羲、神农和祝融；最后一种意见则认为是伏羲、神农和共工。

在这四种意见中，伏羲、神农为各家所共有。将女娲列入三皇，是因为这位女英雄不仅"补苍天"、"立四极"，而且"抟黄土作人，剧务力不暇供，乃引绳于泥中，举以为人"，创造了人类；燧人钻木取火，使人们能吃到味美的熟食，促进了人类自身的进化，列为三皇，理所当然；祝融即重黎，《山海经》说他"绝地通天"，分人神之界，自然可为三皇之一；至于共工，在与颛顼的战斗中，"怒而触不周之山，天柱折，地维绝，天倾西北，故日月星辰移焉；地不满东南，故水潦尘埃归焉"，改变了人类的生存环境，列为三皇，不亦宜乎？

三皇无定说，自古如此。那么五帝的情况又怎样呢？

五帝说盖形成于周秦之际，起源于五方帝、五色帝之祠，甲骨文中的"方帝"、"帝方"指的就是五方帝之祠。但五帝的组合，自古以来也有着不同的说法。一种意见认为五帝即太皞、炎帝、黄帝、少皞和颛顼；另一种意见则认为是黄帝、颛顼、帝喾和尧、舜。东汉的郑玄还提出"五帝为六人"之说。

哪种说法最有根据呢？看来必须逐一审查他们的历史和功绩。

根据《国语·晋语》，黄帝、炎帝同出生于少典，而少典为国名或父名则众说不一。但习惯上所谓中华民族同为炎、黄子孙，炎、黄列为五帝看来不成问题。

《史记·五帝本纪》说："黄帝者，少典之子，姓公孙，名曰轩辕。"《龙鱼河图》说"天遣玄女下援黄帝兵信神符，制伏蚩尤……以制八方"。在早期部落之间的战争中，黄帝对于中华民族的形成是有功绩的。功绩还不止于此，《史记正义》说："黄帝以前，未有衣裳屋宇，及黄帝造屋宇，制衣服，营殡葬，万民故免存亡之难"，"教民江湖陂泽山林原隰皆收采禁捕以时，用之有节，令得其利也。"

至于炎帝，也为少典之子，与黄帝兄弟相继，但《帝王世纪》认为炎黄之间凡隔8帝，500余年，显然认为非信史。班固说炎帝"教民耕农，故号曰神农氏"。对古老的农业生产作出了贡献。

颛顼号高阳氏，司马迁说他是黄帝次子昌意的儿子，"静渊以有谋，疏通而知事；养材以任地，载时以象天"。命重任南正之官，掌管祭祀天神，命黎任北正（一作火正）之官，掌管民事，更大的贡献是扩大了民族活动的范围，北至幽陵，南至交趾，西至流沙，东至蟠木。

帝喾高辛氏，黄帝长子玄嚣的孙子，其伯祖父颛顼在位时被立为族子。《帝王纪》说他"年十五而佐颛顼，三十登位"。《五帝本纪》说他"生而神灵，自言其名，普施利物，不于其身。聪以知远，明以察微，顺天之意，知民之急。仁而威，惠而信，修身而天下服。取地之财而节用之，抚教万民而利诲之"。而且生有一个伟大的儿子帝尧。

帝尧，名放勋，号陶唐。司马迁说他"命羲、和，敬顺昊天，数法日月星辰，敬受民时"。对于以农业立国的中华民族来说，制定历法，授民以时，在古代，比什么都重要。

说到帝舜，人们不禁想到他对盲父和后母的"笃谨"孝道，这对中国的伦理道德起到正反两个方面的影响。他继尧位，南巡狩，崩于苍梧之野，以身殉职，也是令人难以忘怀的。

五帝之中，最复杂的是太皞和少吴。太皞亦作太皓，风姓，以龙为官，一说即伏羲氏。少昊又作少皞，名挚，号金天氏，以鸟为官，传说他们均为东夷族。后来，一般认为少昊为太皞之后，近人根据《世本》"少昊，黄帝之子，名契"，认为少昊即契，而契亦传为帝喾之子；因此认为太尔喾即帝喾，二人均为殷人祖先。

根据上面的"审查"，他们都有资格列入五帝，然而，由于名额的限制，又不能一一满足他们的要求，这就使得史学家不知何从了。

其实，三皇五帝传说的分歧，是我国多民族发展的产物，它曲折地反映了民族融合的进步趋势。早在进入文明时代之前，在祖国辽阔的土地上，就形成了华夏族、苗族以及当时被华夏族称之为蛮、夷、戎、狄等许多兄弟民族。说华夏族为黄、炎之后，这实际上反映了华夏族是由以黄帝、炎帝为代表的两个有血缘亲属关系的氏族经过长期发展而成的。所谓帝，只不过是中国原始社会部落联盟时期军事首长的称谓。

庞贝城覆灭之谜

庞贝城是意大利半岛西南角坎佩尼亚地区一座历史悠久的古城，位于那不勒斯湾附近，距维苏威火山仅有10千米。早在公元前7世纪，它已是一座人口稠密、商旅云集的小城。后来，逐渐发展成一个酒色之都，吸引富商贵族前来寻欢作乐。维苏威火山海拔1277米，公元初年，著名的地理学家斯特拉波根据其地形、地貌特征，判断这是一座死火山。庞贝人对此深信不疑，在这座火山附近建城并开始寻欢作乐。公元79年8月24日，维苏威火山突然爆发了。瞬息之间，火山喷出的灼热岩浆遮天蔽日，四处飞溅。庞贝遭遇了毁城之劫，居民全部遇难。但是庞贝城离火山还有一定距离，居民们为什么没有利用时间逃走呢？难道他们是被火山喷发时所产生的毒气致死的吗？

地质学家的研究表明，火山喷发时，空气会被岩浆和火山灰中所含的大量硫、磷等有毒元素污染，而维苏威火山海拔高于庞贝，有毒空气顺风而下，致使庞贝城上空的空气成为"毒气"，庞贝城的居民可能就是被这种"毒气"熏死的。从考古学家挖掘出的庞贝市民遗体残骸判断，因为这些遗骸大多处于痛苦挣扎的可怕姿势，有理由相信，人们是在毒气的渐进作用之下，逐渐失去知觉死亡的。

但从近年来的一些最新考古发现中，法国的两位考古学家惊奇地发现，庞贝的地层呈现出多层颜色不同的"地带"，不同的"地带"，其土壤成分亦不相同。经过进一步实地挖掘与化学分析，他们从较为靠下的"地带"中分离出一些仅属于岩浆和火山灰中特有的粉尘物质。这些物质有可能就是杀死庞贝市民的真正"凶手"，就是说，人们可能是因呼吸时不断吸入含有这种粉尘的空气，最终窒息而死的！但最终的结论还需科学家作进一步的调查和研究。

埃特鲁斯坎人之谜

埃特鲁斯坎人在进入亚平宁半岛定居后，他们最初的活动区域在今天的意大利北部一带。公元前8世纪中叶，埃特鲁斯坎人开始步入繁荣昌盛的新时期。他们在意大利半岛靠第勒尼安海的西侧，自北部到中部，一共建立了12座城市，号称"埃特鲁斯坎帝国"。他们还开始通过陆路和海路，与希腊和西亚、北非的一些国家建立联系，进行海外贸易。发展到公元前6世纪，埃特鲁斯坎人的社会繁荣达到了高峰。他们以意大利北部的托斯卡那为中心，积极向半岛的中部和西部扩张，不仅征服了罗马城，而且占据了科西嘉岛。在这个时期内，埃特鲁斯坎人与希腊人和北非的迦太基人之间的文化、经济交流非常频繁。在对外交往的过程中，他们吸收了希腊、北非等地外族文明的营养，使自身的繁荣达到了一个新的阶段。

在埃特鲁斯坎人身上有着我们至今也无法解释清楚的谜团。

首先，埃特鲁斯坎人创造出了瑰丽的文化奇观，但我们在他们留下的文字记载里，已不能领略其中的风采。他们的文字仅存于一些墓志铭的碑文中，考古学家和语言学家对这些墓志铭上的碑文进行了考证，发现有些字母和希腊字母非常相近，但就整个文字系统而言，却不属于印欧语系。世界上也没有某种已知的古代语言文字，能与之加以类比，帮助人们破译。这就是说，埃特鲁斯坎文字对现代人来说仍然是无法读懂的"天书"。

其次，埃特鲁斯坎人在经历了长期的繁荣之后是如何衰落的呢？多数史学家认为，公元前4世纪，原居住在多瑙河上游的克尔特人（高卢部）入侵意大利北部，致使他们失去了在半岛上活动的中心而趋于衰落；另外，毗邻埃特鲁斯坎人南部的罗马人迅速崛起。罗马人先是摆脱了埃特鲁斯坎人的统治，后来又反过来征服了他们。还有的史学家认为，埃特鲁斯坎人统治的范围太大，而他们又治理不善，最后导致当地民众的反抗，招致自己的衰落。

更让史学家们感到头疼的是：埃特鲁斯坎人究竟从何处来？这也是一个无人能解的旷世之谜。古希腊史学家希罗多德（约公元前484～前425）曾在他的著作中提出，埃特鲁斯坎人来自小亚细亚的吕底亚（今土耳其阿纳托利亚地区）。他们原本是一个酷爱自己家园的民族，但国内后来发生了大饥荒。他们向国外移民，经地中海来到意大利。公元1世纪的史学家狄奥尼斯奥斯却不同意希罗多德的看法。他认为埃特鲁斯坎人不是"外人",而是意大利半岛上土生土长的,是意大利最早的土著居民。到18世纪时,又有一些学者提出了第三种意见。他们认为埃特鲁斯坎人既不是来自小亚细亚,也不是乘船从海上来,而是从中欧地区向南越过阿尔卑斯山进入意大利的。目前这三种观点呈"三足鼎立"之势,各有一批拥护者。至今谁都拿不出确凿的证据来证实自己的看法,看来这个难解之谜只有寄希望于考古学的新发现了。

南海迷宫

古希腊神话传说中曾有一个"米诺斯王宫"。相传,它是戴达鲁斯神为米诺斯王所建。宫殿结构复杂,千门百室,由于廊道迂回曲折,人入其中往往迷途不得出。米诺斯王宫又称"南海迷宫"。但这里关键的问题是,"南海迷宫"究竟在什么地方?人们都知道,古籍中对地理方位的描写往往不准确,也不能和现代的地名简单地对号入座。经过长期的努力探索,考古学家伊文思把目光逐渐移到希腊南端的克里特岛上。克里特岛位于爱琴海南部,是地中海交通的要冲。它东西长约260千米,南北间最宽处约有55千米,最窄处也有12千米。岛屿总面积为8252平方千米,土地肥沃,气候温和,适于发展畜牧业和农业。此外非常重要的是,它邻近埃及和西亚这些古代早期文明的发源地。这些得天独厚的地理条件,极有可能使克里特岛成为希腊最早进入文明时代的地区。

传说中的米诺斯王国位于希腊的克里特岛。它是爱琴海中的最大岛屿。伊文思正是选择了这里开展工作。经过长期的准备、选点和初探之后,他们在一个叫做克诺索斯的山冈真的挖出了一个占地2万平方米的巨大宫殿遗址。宫殿分为东、西两宫,西宫是两层的小楼,东宫则是四层楼,加起来可能有上千个房间,和传说里一样都是由迂回曲折的廊道和阶梯相连接,结构之复杂令人叫绝。王宫墙壁上的壁画保持着艳丽的色彩,其中的一个房间里还藏着国王的印章以及大量的黄金和宝石。宫殿的北边是一个露天广场,南边则是一系列狭长的仓库,仓库里也盛满了粮食、酒以及战车和兵器。他们还发现了几万张刻着文字的泥板,记录着米诺斯人的文明程度。

人们百思不得其解:米诺斯王宫到底是什么年代的产物,为何它能保存得如此完整?克里特文化属于爱琴海文化,这里的居民早在公元前3000年就已经懂得使用青铜器,而米诺斯的文化正是从那时候一直持续到公元前1500年。就在该文化的中期,岛上建立了国家,修建了王宫。在公元前 1700 年左右，当地曾遭受一次大地震，岛上建筑受到了很大的损害，但重建后的王宫比之以前的显得更加雄伟壮丽。被伊文思挖掘出来的这座庞大宫殿正是地震后的修复之作。只是人们感到奇怪，早期克里特人能将自己受损的宫殿修复，但到了晚期，大约公元前 1500 年的时候，他们却弃自己的宫殿于不顾，撒手而去，米诺斯文化也从此戛然而止。后来从这里出土的泥板文字证明，接着统治这里的已经换成了迈锡尼人。但是迈锡尼人又为何不去享用这座宫殿呢？

人面狮身像的侵水之谜

美国一位独立从事研究工作的学者约翰·安东尼·韦斯特研究了杰出的法国数学家、象征主义者施瓦勒·德拉布里奇晦涩难懂的作品。施瓦勒以其对鲁尔苏尔庙的论著而著称。他在 1961 年发表的《神圣科学》一文中评论说，考古学的发现暗示我们 12000 年以前很少有困扰着埃及的气候和洪水。他写道：在洗劫埃及大地的一次次特大洪水来临之前，一定有一段规模庞大的历史文明期。这一推测使我们确信，人面狮身像在那段文明时期就已经存在了。这尊矗立在基沙西部高崖上的雕像，除头部之外，整个狮身都现出无可争辩的水浸迹象。

施瓦勒简单明了的结论以前并未引起任何人的注意。这一结论明显抨击了埃及学领域广泛认为人面狮身像是由卡夫拉在公元前 2500 年建造的这一观点。韦斯特在读到施瓦勒的这段话之后便认识到施瓦勒从地质学角度提供了一条探索的途径。从这条途径出发就可以"真正地证实，早在古埃及王朝文明以及其他所有已知的人类文明的数千年以前，可能已经存在过另一个文明期，或许其规模比后来的都大"。

韦斯特说，要是能证实人面狮身像受过水浸这一点，便会推翻所有世人已接受的人类文明编年史，也会迫使我们对支撑整个现代教育的"历史过程"的种种假设重新定论，并迫使我们去面对由此而引起的激烈争论。然而，从石刻古迹上很难发现问题……

韦斯特对从考古学角度得出的结论之理解是正确的。如果人面狮身像表面的一切变化部位能证明是水浸的结果，而不是像埃及学家们一直认为的是风沙吹蚀的结果，那么，已经建立起来的编年史就要面临被推翻的危险。要理解这种推断，只要牢记下面这两点就够了：首先要记住，远古的埃及的气候并非像今天这样始终都异常干燥；另外一点就是，比起一些人认定的人面狮身像"背景建筑群"的理论，韦斯特和施瓦勒提出的人面狮身像侵蚀模式更加完善优秀。韦斯特和施瓦勒提出的人面狮身像的这个变化特征，是基沙遗址的某些古迹所不具备的。这种变化特征的提示清楚地告诉我们，只有部分建筑是在同一时期建成的。但这是哪一个时期呢？

韦斯特最初认为理论上不排除人面狮身像受过浸蚀的可能，因为大家早就一致认为，过去埃及曾多次受到海水和尼罗河特大洪水的困扰。就在不那么遥远的古代还出现过一次这样的洪灾，人们认为这是最近一次冰季冰川融化而造成的。一般人认为，最后一次冰季的时间是在公元前10500年前后，而尼罗河周期性的大洪水就发生在这之后。在公元前10000年前后发生的那次大洪水是最后一次。因此可以推断，如果人面狮身像受过水浸，那它一定是在洪水发生之前建成的。

从"理论上"看，韦斯特的这种推断确是站得住脚。可是，正如韦斯特后来所承认的，实际上人面狮身像所受到的不同一般的腐蚀作用并非是洪水引起的。他后来认为问题是人面狮身像的脖颈以下已经腐蚀得很厉害。如果这种腐蚀是由水引起的，那就是说，在整个尼罗河流域至少有60英尺（1英尺＝30.48厘米）深的洪水。很难想象发生这样大的洪水会是什么样的景象。这种假设如果成立则更糟，因为人面狮身像堤道的另一端，即所谓的丧葬庙里面的石灰质岩心石，也已经受到浸蚀。这就是说，

洪水已爬到金字塔的底座，也就是，有160英尺高的洪水。

埃及政府采纳了西方一些埃及学家的建议，自1993年开始禁止在人面狮身像周围一带进行任何地质学或地震学研究工作。这项决定实在不可思议，因为斯科克的研究结果已产生了重大影响。更不可思议的是，斯科克独创论点尚未遇到有凭有据的公开挑战。这位波士顿地质学家几年来顶住了来自同行的一次又一次的抨击，多次成功地捍卫了自己的论点。斯科克坚持认为，人面狮身像表面以及壕坑内壁独特的侵蚀模式（人面狮身像壕坑内壁布满了很深的竖直裂缝和高高低低的平的坑凹），成了"石灰质古迹在历经数千年雨水之后会受到何等侵蚀程度的一个有教育意义的典型例证一"。斯科克进一步说，如果用我们已经了解的基沙一带的古代气候背景去分析雨水浸蚀的观点，那就可以充分证明"伟大的人面狮身像的历史要比传统认为的公元前2500年早得多，我只是跟着科学在走，科学告诉我这一结论，人面狮身像的历史比以前认为的要早得多。"

斯科克自然尚未证明人面狮身像属于公元前7000年～前5000年，韦斯特尚未证明他认为的更早的历史时期．传统埃及学也尚未证明人面狮身像到底是否属于卡夫拉王朝和公元前2500年的那个时代。换句话说，目前尚无可能用任何合乎情理的标准来给

这一独特古迹的确切归属和历史下最后的定论。人面狮身像之谜仍未解开。

谁是新大陆的发现者

哥伦布究竟是哪国人？几乎所有的教科书都写道"哥伦布生于意大利城市热那亚"。但在历史学家看来，这还是一个谜。现在有越来越多的历史学家认为哥伦布不是意大利人，而是西班牙马略卡岛人，只是长期以来人们一直把他同生于意大利热那亚的另一个叫哥伦布的商人弄混了。委内瑞拉历史学家考古尔马诺·内克塔里奥·马利亚对此做了专门研究，他长期从事历史教学和研究工作，是委内瑞拉国内历史研究院第一流的学者。从1964年起他担任委内瑞拉驻西班牙大使馆的文化参赞，负责历史事务。借此有利条件，他深入研究了哥伦布的生平，试图揭示发现新大陆的真假哥伦布之谜。1978年4月19日，他在马德里"西班牙美洲合作中心"发表了题为《美洲发现者哥伦布是西班牙的犹太人》的演讲，他借此提出许多新观点：

1. 哥伦布是西班牙人，出生地要么是马略卡岛的赫诺瓦，要么是费拉尼特斯。

2. 哥伦布原名胡安，姓"哥伦布"，是鸽子的意思，是西班牙利阿里群岛上一个古老的姓，来自犹太人家庭的祖姓。

3. 哥伦布只会讲西班牙语，根本不懂意大利语。

4. 意大利热那亚的哥伦布生于1451年，他只在地中海从事商业航运。

总结以上四点，这位历史学家断言发现新大陆的是西班牙的"克里斯托瓦尔·哥伦布"，不是意大利的"克里斯长福尔·哥伦布"。同时他还提出一段鲜为人知的秘密。即第一个踏上美洲大陆的西班牙人并不是克里斯托瓦尔·哥伦布，而是另一个西班牙人阿隆索·桑切斯·德韦尔瓦。此人在大约1481年登上了美洲大陆，但在返航中病死在哥伦布家里。哥伦布的家当时在马德伊拉斯群岛的桑托港，桑切斯临死前把全部航行资料交给哥伦布。哥伦布10年后便进行了那次著名的航行，由此成为新大陆的"发现者"。现在，内克塔里奥的说法还未得到公认，究竟谁是发现新大陆的真正的哥伦布，还在争论之中。

难解"水晶之恋"

公元1927年，人们在中美洲洪都拉斯玛雅神庙中发现了水晶头颅，这如"北京人"化石的发现一样轰动了整个世界，至此，无数科学考察人员的"水晶之恋"也从此拉开了帷幕。虽然人们对玛雅文化中种种不可理解的成就早有所闻，但这个头颅更令世人震惊。这是一个用水晶雕成的女人的头颅，高12.7厘米，重5.2千克，大小如同真人头。传说，这个水晶头颅具有神奇的力量，是玛雅神庙中求神占卜的重要用具。专家们通过对头颅表面及其内部结构的研究，确定其为玛雅时代遗留下来的文物，历史非常悠久。

更令研究者们困惑的是这颗水晶人头雕刻得非常逼真，外观与内部结构都与现代人的颅骨骨骼构造完全相符。隐藏在基底的棱镜和眼窝里用手工琢磨的透镜片组合在一起，发出炫目的亮光，其工艺水平之高令现代人也自叹不如。我们知道，近代光学产生于17世纪，而人类准确地认识自己的骨骼结构更是18世纪解剖学兴起以后的事。而这个水晶头颅是在非常了解人体骨骼构造和光学原理的基础上雕刻成的，那么，1000多年前的玛雅人是怎样掌握这些高深的解剖学和光学知识的呢？

另外，水晶即石英晶体，它的硬度非常高，仅次于钻石（金刚石）和刚玉，即使是现代人要雕琢这样的水晶制品，也只能使用金刚钻等现代工具才能完成。而1000多年前的玛雅人甚至还不懂得炼铁，他们又是使用什么样的工具加工这个水晶头颅的呢？难道他们早已掌握了我们现在还不知道的某种技术？

从这个奇异的水晶头颅来看，也许玛雅人掌握的科学技术，是我们现代人所无法想象的。但他们又是怎样获得这些科学技术的呢？这就更是谜中之谜了。

纳斯卡文明之谜

众所周知，埃及、巴比伦、印度、中国这四大文明古国都诞生在物阜民丰的地区，可是谁又能想象出在地球的另一个神奇的地方，也同样存在着可与七大奇迹相媲美的奇观呢？

在秘鲁共和国西南沿海伊卡省的东南隅，有一座名叫纳斯卡的小镇。这座小镇稀稀疏疏地散居着近百户人家，他们祖祖辈辈以捕鱼为生，过着一种"无论魏晋，乃不知有汉"的恬淡生活。

这座小镇的东面，是绵延巍峨的安第斯山脉。在它们之间，横亘着一片广袤的荒原，面积约有250平方千米，当地人称做纳斯卡荒原。自古以来，在这片不毛之地上，覆盖着一层厚厚的赭色沙石，因此，这里寸草不生，鸟兽难栖，人迹罕至，被称为"鬼地"。

20世纪中叶的一个夏季，一支秘鲁国家考古队辗转来到纳斯卡荒原。他们在茫无涯际的荒原上考察了好几天，一路所见除了沙石还是沙石，毫无半点收获。他们一个个疲惫不堪，眼看着食品一天天减少，又寻觅不到水源，加上正逢七月流火的日子，他们全都口干舌燥，心灰意冷，失去了继续考察下去的信心。

一天，晚霞灿烂，落日的余晖给纳斯卡荒原罩上了一层神秘庄重的色彩。当考古队员们坐下来休息时，大家三三两两地仰卧在光滑的岩石上。其中有一名队员出于职业习惯，无意地随手扒开眼前零零碎碎的乱石。突然，他眼前一亮：石头底下隐藏着一条显然经过人工挖成的"沟槽"。他的惊呼声把其他人从昏昏欲睡中唤醒了过来，大家再细细察看："沟槽"里竟填塞着无数像生锈的铁块一样的石子。

这一偶然发现，使考古队顿时意识到这将是一次不虚此行的行动，从而激起了他们极大的兴趣和热情。他们把干渴和疲劳置于脑后，立即紧张地投入到艰难而有序的发掘工作中去。经过大规模的深入发掘，考古队发现这些"沟槽"的深度一般为0.9米，而宽度却不一样，有的宽度只有15厘米，有的却达20米，尤其令考古队员不可思议的是："沟槽"的形状和走向十分奇特，有的舒展飘逸，有的短促顿挫，有的回环宛转，更有的似乎直通天际，真是鬼斧神工，难以捉摸。

这些"沟槽"是什么时候由谁挖成的？起初，考古学家把这些"沟槽"称为"一个不知为何建造的巨大而玄妙的工程"。后来，考古学家决定乘飞机对纳斯卡荒原进行空中摄影和观察。当他们从高空向下俯瞰时，映入眼帘的景象顿时使他们瞠目结舌：荒原上的"沟槽"不是原先猜测中的灌溉渠道，也不是地表的裂沟，而是一幅幅绵亘无垠的图画。这些画的每一根线条，都是把荒原表面的阳砾石挖开后形成的。其中一些"沟槽"所组成的线条，平直而有规则，构成大大小小的三角形、长方形、梯形、平行四边形和螺旋形之类的几何图案，好像是经过数学家精心的计算才开挖的，极具匠心。例如：有的三角形图案大至几千米，而图案设计的角度却很精确，误差仅仅在一分米之内；有的图案呈星状，线条向四面八方放射，透出天女散花的韵味；有些纵横交错的线条好似今天的机场跑道和标志线的图案，跑道的宽窄和长短不一，有的长达2500米，有的500米左右，都很笔直，并且转角交叉处，都棱角分明，严密紧扣。这些跑道在越过峡谷或横贯小丘时，方向也丝毫不变。有些跑道旁每隔约500米就有一处残存的类似哨所或瞭望台的废墟。更令人惊奇的是：荒原图案有许多是动物、植物以及人的形象。例如，有一个人形，只有一头和两手，一手长了5个手指，另一手却只长了4个手指，画长约50米，是一个典型的印第安人的轮廓。动植物图案的大小不一，大多在15～300米之间，最大的占地 5 千米。从拍摄的照片上看，这些形象惟妙惟肖，非常逼真，可称得上是一位画家的杰作。有些恰似蜥蜴、蜂鸟、鸭子、鲸；有些又宛若长爪狗、蜘蛛、鹦鹉、苍鹰；还有些极像海草、仙人掌、花朵。其中一只猴子的形象足足比一个足球场还大，它的一个巴掌就有 12 米宽，看起来活灵活现，风趣盎然。另有一只大鹏的翼长约 50 米，鸟身长达 300 米，远远望去，恰似扶摇直上于飓风中，轻盈飞舞，又如海中的巨大漩涡，飞流而上，缓缓升腾。还有一幅章鱼的图案，腹下插着一把锋利的长刀，甚至可以想象出章鱼悲痛欲绝的情状。荒原图案的大部分图形是单线勾勒的，线条从不交叉，人们可以把任何一处作为起点，沿着线走去，决不会碰上重叠的路途。这些栩栩如生的图像，极为精确地每隔一定距离就重复出现，巨大的动物图案都是一再出现的全等图形，同类图案都完全一模一样，丝毫不差，俨然是用同一模具制造出来的同一图案。由于图案的面积太大、线条又简洁，因此人们在地面上很难一时看出图上是些什么东西，只有从空中向下俯瞰或者航空摄影，才能清晰地分辨出它们是镶刻在荒原上的一幅幅巨画，的确使人心驰神往，美不胜言。

纳斯卡荒原的地画是在黑褐色的地表石头上，向下刻凿 10 厘米，然后露出黄白色的沙土形成浅浅的沟槽，以组成图形，颇似单线勾勒的白描画。地画之所以历经沧桑而没有被风沙销蚀掉，是由于在地画图形上，置放了起阻碍剧烈温差与风蚀作用的小石块。关于地图制作的时间，根据对一幅画面上直线的一端尚残留的木桩应用碳 14 进行测定，为公元前后到公元 600 年，因此，推测地画可能是在那个时期制作的。

后来，一位研究者在早晨登上附近的山岗进行观察，又发现了意想不到的景观：当晨曦微露时，在朝晖的映衬下，荒原更为壮观绮丽，分外妖娆。原来只有从天空向下俯瞰才能观赏到的荒原美景，此刻却清晰地呈现在眼前，图案中的飞禽走兽仿佛一下子活跃起来，或凌空翱翔，或疾速驰骋，或游弋海底。但是当太阳逐渐升高，图案又杳然消失，归于寂静。

为什么这些地画平时在平地上看不清，只在早晨的一定时刻才显现呢？研究人员经过实地考察证实，每段图案的"沟槽"的深浅和宽度都是根据旭日斜射率精确计算出来的。由此可见，荒原图案的制作者，不仅是卓越的艺术家，而且也是深谙光学的自然科学家。他们不知花费了多少心血，精确地计算了朝阳斜射的光线入射角度，在此基础上确定图案的每根线条的深度、宽度相互间的距离。这样，待这些先决条件一应具备时，只要朝阳升到一定高度，那光怪陆离的图案便沐浴在其中，构成一幅云蒸霞蔚、气象万千的奇观来。

纳斯卡荒原图案之谜，轰动了全世界，很多人喻之为"世界第八大奇迹"。有些人甚至认为，与世界七大奇迹相比，纳斯卡荒原神秘图案之谜更要扑朔迷离，那么它到底奇在哪里呢？这些图案是什么时候如何创制出来的？这些图案有什么涵义？是用来做什么的？

半个多世纪以来，许多学者对这一系列问题进行过深入细致的研究，但都困惑不解，众说纷纭，莫衷一是，至今仍是一个尚未完全揭开的人类文化之谜。

不可思议的玛雅天文历法

玛雅人的天文台常常是一组建筑群，从中心金字塔的观测点往庙宇的东面望去，就是春分、秋分的日出方向；往东北方向庙宇望去，就是夏至的日出方向；往东面的庙宇望去，就是冬至日出的方向等，像这样的天文台有好几处，最负盛名的是奇钦·伊查天文台。

奇钦·伊查天文台是玛雅文化中惟一的圆形建筑物，一道螺旋形的梯道通向3层平台，顶上有对准各个星座的天窗，从上层北面窗口厚达3米的墙壁所形成的对角线望去，可以看到春分、秋分落日的半圆；而南面窗口的对角线，又正好指着地球的南极

和北极。

奇怪的是，他们天文台的观察窗并不对准夜空中最明亮的星星，却对准肉眼根本无法看见的天王星和海王星。我们知道，天王星是1781年，由赫歇尔发现的；海王星是1846年，由柏林天文台发现的，千百年前的玛雅人，是怎么知道它们存在的呢？

他们的历法也是奇特而精确的。他们把一年分成18个月，每月20天，年终再加5天为禁忌日，合为365日之数。

他们测算地球年是365.2420天，现在的准确计算是365.2422天，误差不过0.0002天，也就是说，5000年的误差也不过一天。

他们测算的金星年是584天，和现代的测算相比，5000年内的误差只有7秒。

他们还保留着一种特殊的宗教纪年法，每年13个月，每月20天，称为"卓尔金年"。这种纪年法不是以地球上所观察到的天体运行情况为根据测算出来的。敏感的人们有理由怀疑，这种纪年法来自他们的祖先，而他们的祖先则来自另一个星球。

玛雅人还准确地推演出这几种历法的神秘关系，地球年365天，金星年584天，隐藏着一个公约数73。365除以73等于5，584除以73等于8；而卓尔金年、地球年、金星年，又隐藏着一个神秘的公倍数，从而推导出这一有名的金星公式：

卓尔金年 260 天×146＝37960 天

地球年 365 天×104＝37960 天

金星年 584 天×65＝37960 天

这就是说，所有的周期将在第37960 天重合，玛雅人的神话认为，那时，神将回到他们中间来。

贺兰山原始写意画

贺兰山位于宁夏回族自治区的西北部，南北走向，全长约 250 千米，纵深约 15～20 千米，海拔在 1400～3500 米，山势险峻、雄伟。自古以来，我国古代北方游牧民族，如西戎、匈奴、羌、突厥、党项、蒙古等长期在这里繁衍生息，游牧狩猎。

贺兰山草色青白，遥望如奔马，蒙古语称它为贺兰，就是"骏马"的意思，这里历来是兵家必争之地，岳飞词《满江红》："驾长车踏破贺兰山缺"，指的就是这个地方。

1969 年春，我国考古工作者在贺兰山东麓发现了一批岩画，约 300幅，多为人物画像，其中北侧第 6 号地 1.9 米的岩壁上，一幅磨刻的写意画人像特别动人。画高 20 厘米，宽16 厘米，面向西南方向，头戴大而圆的密封式头盔，头盔和紧身连体套装浑然一体，头部中间有一个孔，似乎

是观察窗，四肢微微张开而又自然下垂，似胸有成竹的伞兵，正在作自由降落运动，然而却又没有伞，给人一种飘然而下的感觉。那种古朴潇洒的风采和神韵，与撒哈拉的"大火星神"画像如出一辙。

只不过，一帧似乎是西洋风味的钢笔速写画，一帧似乎是中国气派的水墨写意画而已。然而，这相距万里的原始人画家，怎样会产生如此相同的灵感呢？

还有，那阴山岩画中的拜日图形，庄重虔诚，充满敬畏和神秘之感，与其说拜的是那遥远的可望而不可即的日、月，不如说拜的是陌生的、迫近的，即将带着不可预测的祸福飘然而下的"飞碟"或"飞船"。那广泛地存在于岩画中的人物脸谱，有的带着头盔，有的带着天线，有的睁大惊愕的眼睛，有的带着深色的墨镜，绝不是这些游牧民族准备一展于子孙后代的尊容。

亚历山大灯塔是怎样导航的？

亚历山大灯塔是古代世界七大奇观之一，位于古埃及东北部法洛斯岛东端的一块被巨浪冲刷尽净的巨大的岩石上。之所以取名为亚历山大灯塔，还得追溯到公元前 4 世纪马其顿亚历山大帝国时代。公元前 332 年

冬，亚历山大攻克腓尼基的推罗城之后，进军占领了埃及，亚历山大在前往西瓦绿洲谒拜阿蒙神庙时，途经尼罗河三角洲西北临近地中海的一个名叫拉库台的渔村，他发现这个地方地势平坦，交通便利，决定于此修建一座以他的名字命名的城市。这座城市到托勒密一世时发展为埃及经济、文化繁荣地，成为整个地中海世界和近东地区最大、最重要的一个国际转运港。大批船队蜂拥而至，迫切需要一座灯塔来引导船只进港。托勒密一世看中了离亚历山大城1千米的地中海上的一个小岛，岛长2600米、宽400～500米。灯塔建在小岛的一块长230米、200米的巨石上，同时还修筑了一座连接大陆与小岛上的一座长1300米的人工桥，形成Z形东、西港，灯塔到托勒密二世时正式使用。

灯塔确曾存在过，根据1980年2月6日的《人民日报》报道，美国洛杉矶的默比乌斯研究小组发表一项报告说：在埃及亚历山大城东港水下，发现一批极为重要的古迹，其中就有亚历山大灯塔的残骸。至于我们今天在一些书本上看到的灯塔图不过是人们通过想象后复制的。

据此，我们才对灯塔的构造及其导航方法有了个大概印象，整个灯塔高135米，由石灰石砌成，柱为花岗石，有些部分用大理石和青铜装饰。灯塔由底座、塔身两大部分组成。底座每边高15米，呈正方形，仿佛是

一座矮墙，将塔团团转转围在中央。塔身分上、中、下3层。下层底部是边长为30米的正方形，下层高60米，由底部往上逐渐缩小。底层塔身共有十几层，塔身周围有300多间房，一说有500多间，供管理人员、卫兵、天文学家居住，并存放物品用。下层与中层相接的平台四端分别安放了一尊海神波赛敦的儿子口吹海螺号角的青铜铸像，以测风向。平台下面，正门上方希腊设计师留下了这样的题词："生于开俄斯的台克西凡斯之子——苏斯特拉图斯以海员的名义敬献给两位救世神"。中层稍细，呈八角形，高约30米。上层最细，圆柱形，高15米，8米高的穹隆状圆顶由8根花岗石石柱支撑着，圆顶内一个巨大的火炬照耀着，这就是导航室，又叫灯室。圆顶上一尊7米高的海神青铜像高高矗立着。从塔底到塔顶有倾斜的螺旋式道路，有32个台阶通到中层，从中层到塔顶有18个台阶。塔外有升降的吊车运送物品。这座庞大的灯塔的建造耗费800银他连特（合20吨）的白色大理石。

灯塔是如何导航的呢？有人说高大的灯塔本身就是一个航标灯，灯塔进入视野宣告亚历山大港的临近。也有学者说，灯室内装有一块巨大的磨光的金属镜，又称魔镜。白天魔镜将阳光聚集折射到几十千米之外，引起航船注意。夜幕降临后，在镜前燃烧大量的木材，火光冲天，形同白昼，

火光又通过特设的金属镜反射出去，照射到 40 千米以外，引导航船。还有人认为，灯室内装有透明的水晶石或者玻璃镜，其作用类似今日的望远镜，极目远眺，近岸景物尽收眼底，灯室及时发出信号导航。

上述这些导航方法，是人们根据有关资料作出的种种推测，这个历史之谜的解开还有待科学的发展以及考古材料的发掘。

玛雅人为什么要建造金字塔?

在中部美洲，特别是在危地马拉的佩腾湖地区和尤卡坦半岛，古代玛雅人建造了一座座雄伟壮观的金字塔，这是其最辉煌的文化成就之一。那么，玛雅人为何建造金字塔呢?

众所周知，在古代埃及，金字塔是法老的陵墓，在君主安葬后任何人都不得进入。这些金字塔和许多墓葬品一样，反映了对"来世"、"灵魂不灭"和"永恒"的追求，它们也象征着法老的权威和王权的巩固。而在古代亚洲的幼发拉底河流域，苏美尔人也建造了一种多面形的金字塔。其顶上建有神殿，用来观察天体。苏美尔人那里没有石料，所以他们烧制了数百万块砖，并用沥青作黏合剂来建造巨大的庙宇台基。这种金字塔可同埃及作为陵墓的宏伟建筑相媲美，但它

是供活人享乐的场所。

显然，同样有雄伟外观的玛雅金字塔与埃及和两河流域的古迹没有任何关系。那么，玛雅人在哪种哲学、神学或美学思想影响下建造金字塔的呢? 长期以来，这个问题引起了学者们的浓厚兴趣。

在佩腾湖地区的浓密热带丛林中，有一座被遗弃的蒂卡尔城，在这里古代玛雅人用石头和石灰作建筑材料，建成一座座巍峨的金字塔。它们一般为斜截锥形，由高大的台基及其顶端的神殿构成，其外观十分匀称。其中有座金字塔，高约 40 米，其斜面筑有石阶。按照玛雅人的宗教观念，金字塔是天和地的连接点: 祭司通过石阶而接近众神，而众神也沿着石阶而下，来探访人类。因此，在盛大的节日人们都聚集在金字塔前来敬奉众神。由此推测，玛雅金字塔可能是居民聚会、崇拜和奉献祭品的场所。所以是宗教仪式中心。然而，一些学者认为，玛雅金字塔也具有天文观测台的功能，祭司借此掌握丰富的天文知识，制定精确的历法。实际上高耸入云的金字塔可以战胜热带茂密的森林，而让天文祭司自由地观测天体。他们为了预言未来，而渴望完全掌握天体运动的知识。但是，近年在蒂卡尔的考古发掘活动揭示了金字塔的另一种用途: 玛雅人在塔基底下埋有许多祭品，其中包括黑曜石制成的物品，三叉戟形、圆饼形、半月形的

燧石，海洋贝壳、玉石块、玉石珠等。这些祭品是献给玛雅人祖先，还是众神的呢？在这种情况下，玛雅金字塔是陵墓还是祭坛？这些问题使人迷惘。

除此之外，位于尤卡坦半岛东北部的奇钦伊察，也是古代玛雅文化的著名遗迹，在其中心地带有座闻名于世的库库尔坎金字塔。"库库尔坎"，在玛雅语中意思是"长羽毛的蛇神"，他是太阳神的化身，也是风调雨顺的象征。该塔约建成于10世纪，它高30米，平面为正方形，底大上小，四边棱角分明。塔身呈阶梯形，共分9层，顶上建有一座高达6米的神庙。塔的四面各有宽阔的石阶，直达神庙。石阶两旁有1.35米高的扶墙。玛雅——伊察人在朝北的两堵墙下端各雕刻一个巨大的长羽毛的蛇头。它张着大口，伸出一条大舌头。其雕刻十分精致，形象逼真。

每年9月22日（秋分）约下午3点，太阳开始向正西方向下降时，北面扶墙上的光照部分棱角渐趋明朗，其阴影从上至下开始由笔直形变为波浪形。犹如一条巨蟒从塔顶游向大地。约到5点，这一面扶墙上的光照部分，除了石雕的蛇头之外，还有沿着扶墙边出现的一列7个等腰三角形阴影，它们与生长在这一带的响尾蛇背上的三角形花纹十分相似。此时此刻古代玛雅人载歌载舞，欢庆长羽毛的蛇神降临人间。约过10来分钟，

蛇头和7个等腰三角形由下至上依次消失。近6点钟，秋分时节的光影奇景完全消失。每年3月（春分）出现蛇形光影时，古代玛雅人便认为长羽毛的蛇神带给他们雨水，使土地湿润，从此时起，他们开始耕地和播种。而9月这一奇景结束时。蛇神离开人间，这就意味着雨季结束，旱季开始，上述情况给我们提出了问题，库库尔坎金字塔是宗教仪式中心，还是天文观测台，还是这两种功能它都兼而有之？

一串串的谜题需要人们继续探索，希望有朝一日谜团能够解开。

谁制作了丛林大石球？

位于中美洲南部的哥斯达黎加共和国，是一个美丽富饶的热带国家。境内大部分是山地和高原，北部和沿海为低地平原。在古代，曾经有3万多名印第安人栖息在这块土地上。

20世纪30年代末，美国联合果品公司的地界标定人乔治·奇坦迁前往哥斯达黎加热带丛林中实地考察开辟香蕉园的可能性。在人迹罕至的三角洲丛林以及山谷和山坡上，他发现了约200个好似人工雕饰的石球。这些石球大小不等，大的直径有几十米，最小的直径也在两米以上，制作技艺精湛，堪称一绝。加拉卡地区有一处石球群多达45枚，另外两处分

别有 15 枚和 17 枚，排列无一定规则，有的成直线，有的略成弧线。据怪异现象专家米切尔·舒马克研究，有些石球显然是从山上滚落下来，碰巧排成直线的。

这些躺在不同地区、大小不一的石球，引起了人们极大的兴趣。科学家们对这些石球进行了详细认真的测量，发现这些石球表面上的各点的曲率几乎完全一样，简直是一些非常理想的圆球。这些石球有什么用，没有人能够加以正确的阐释。摆放在墓地东西两侧的石球可能代表太阳和月亮，或图腾标志，但这只是推测；有人戏称之为巨人玩的石球。

据考察，这些谜一样的石球，差不多都是用坚固美观的花岗岩制作而成的。令科学家和考古工作者迷惑不解的是，这些石球所在地的附近并没有可以提供制作它们的花岗岩石料，在其他地方也找不到任何原始制作者留下的踪迹。而对这样奇特的现象，使人们不得不提出一连串颇费猜测的难题：是什么人在什么时候制作了这些了不起的巨大石球？所必需的巨大石料如何运到这里？究竟用什么工具加以制作？

对大石球作过周密调查的考古学家们都确认，这些石球的直径误差小于百分之一，准确度接近于球体的真圆度。从大石球精确的曲率可以知道，制作这些石球的人员必须具备相当丰富的几何学知识，具有高超的雕琢加工技术，还要有坚硬无比的加工工具以及精密的测量装置。否则，便无法想象他们能够完成这些杰作。诚然，远在远古时期，生活在这里的印第安人大多数都是雕琢石头的巧匠能手。然而，有一点无疑必须肯定，琢磨如此硕大的石球必须付出艰巨的劳动，从采石、切割到打磨，每一道工序都要求不断地转动石块，要知道这些石球重达几十吨，这无论如何不是一件容易的事。难道这些大到几十米的石球就是他们的祖先在缺乏任何测量仪器的情况下，运用原始简陋的操作工具一刀一刀地雕琢而成的吗？这实在是令人难以置信的事。

在哥斯达黎加的印第安人中间，长期流传着许多古老的神奇传说，其中就有宇宙人曾经乘坐球形太空船降临这里的故事。因此，不少人在对上述奇迹百思不得其解的情况下，便猜想这些大石球与天外来客有着直接联系。依照他们的看法，这些天外来客降临这里后，在较短的时间内制作了这些大石球，并将它们按照一定的位置和距离进行了排列，布置成模拟某种空间天象的"星球模型"。这些大石球象征着天空中不同的星球，它们彼此之间相隔的距离表示星球间的相对位置。据说，天外来客试图利用这些石球组成的"星球模型"向地球上的人类传递某种信息。但是，今天有谁能理解这个"星球模型"的真正涵义呢？又有谁能知晓在这些大石球中，哪一个代表这些天外来客生活的故乡呢？

也许，这些圆圆的石头对我们永远是一个不解之谜。

希腊的新石器文化源自何方？

近年的研究结果表明，新石器文化首先出现在西亚，距今已有9000～11000年，它经历了无陶和有陶两个发展阶段。

欧洲新石器文化的发生比西亚晚。希腊的新石器文化出现在距今9000年左右。于是，希腊的新石器文化是从西亚输入的说法便不胫而走，为许多人接受。理由很简单：希腊位居南欧，紧邻西亚，无论文化输出还是输入，二者都极方便；希腊新石器文化的农具同西亚的先人所用的一样。

位于帖撒利的阿吉萨遗址，是希腊最早的前陶新石器时期居地。此地已发掘的地区长约80米，已清理出6个深约0.3～0.6米的椭圆形坑穴。坑穴中有洞，可能用以立木支棚。这些坑穴是当时人的居所和库房。在帖撒利的新石器前陶阶段遗址还有塞斯科罗、阿希利昂、索福利、耶迪基等地。塞斯科罗遗址的居所与阿吉萨的大体相同，只是有的坑穴是四边形的。这些居所的样式不同于东方。比

如，耶利哥的房子是用泥坯垒成的。哈希拉的房屋为石基，泥坯墙。住所的结构如此不同，引人注意。在养殖业和种植业方面，帖撒利这些居民与西亚的农人比较相近。这几个遗址都以农业为主，主要的农作物有大麦、小麦、谷类、扁豆等，饲养山羊、绵羊、牛、猪。这些动植物中，大麦和小麦可能引种自西亚，但其他品种极可能是土生土长的。如此看来，希腊新石器文化前陶阶段的地区性特点不容忽视，希腊新石器文化源自西亚之说，理由似乎并不那么充足。

对希腊新石器文化源头之探索，还有一个地方使人扑朔迷离，那就是位于伯罗奔尼撒半岛东北部的福朗荷提遗址。该址地层中文化遗存起自距今2.5万多年前的旧石器时代晚期，持续到距今5000年前的新石器时代之末，其间几乎从未中断。在公元前1.2万～前1万年的地层中，出土了大量黑曜石工具。这些黑曜石来自距此地海路有150千米之遥的米洛斯岛。当时的猎人和采集者的猎获物和收获中，除了大量赤鹿以外，还有野山羊、野生燕麦和大麦及几种豆类，后来又猎获野猪。中石器时代，此地居民大多以捕鱼为生。公元前7000年左右，这里发生了突变。居址的文化层次没有中断的迹象，但这些地层中的遗物却与先前大不相同。绵羊、山羊的骨头大量出现。这些动物不像是野生的，而是经过驯养的；还出现

了可能是家种的小麦和大麦；新的工具也纷纷问世，装有把柄的斧子、燧石刀、磨石等为前所未有。这一切表明，福朗荷提的居民已经开始从事动物饲养和农业生产。进入了无陶新石器阶段。待到公元前 6000 年，福朗荷提地区进入了新石器时代有陶阶段。这时，人们有了定居的家屋，形成了小村落。人们饲养绵羊和山羊，种植大麦、小麦，使用密色燧石和黑曜石制成的镰刀、刮削器、箭头等器具。他们的陶器很粗糙，石质器皿仍没有被丢弃。人们的生活水平提高了，更喜欢打扮自己，大量制造装饰品，如垂饰和有孔小珠等等，还有人像和动物像。此地的墓葬更值得注意。一方面，新石器时代的墓葬通常与中石器时代采用相同的形式，葬地似乎很随便地分布在居地之内（洞内或沿岸），并无专门的地方；另一方面，在新石器时代的后一阶段，出现了同西亚某些地方相同的二次埋葬方式，即先将尸体暴露或暂时埋葬，让软组织腐烂，然后把骨头捆扎成束放到他的最后葬处。总而言之，福朗荷提新石器时代遗址在主要方面属东地中海早期村落农业公社类型。从文化层次看，这一遗址自旧石器时代末到中石器时代，确实没有受到外来干预；新石器文化的出现尽管有些突然，但也是从无陶到有陶阶段。整个文化系统是连续未断的。

那么，福朗荷提的文化系统是否自始至终完全是土生土长的呢？在中石器时代航海术已很高明的福朗荷提居民，难道不会向更远的地方寻求更好的生活吗？西亚的农耕畜牧业文化长足扩展到希腊不也是十分可能的么？谁能说福朗荷提新石器文化没有自己的根？谁又能说，西亚的农业文化主宰了福朗荷提的居民？福朗荷提遗址文化系统的连续性，是不是希腊的典型模式或绝无仅有？南希腊的新石器文化真的是突然出现的吗？

希腊的新石器文化到底源自何方？一时难以回答。

世界古代史上存在黑暗时代吗？

在古代地中海周围的各大文明中，都存在着一个所谓的"黑暗时代"，它的时代在公元前 12 世纪～前 8 世纪，之所以称它为黑暗时代，是因为历史学家们对这个时代的情况知之甚少，那时的人也没有留下多少遗迹。如在迈锡尼文明衰落之后，古希腊城邦兴起之前，在以色列的铁器时代，等等。这种论断已为学术界所接受，并沿用了 200 余年，人们对此深信不疑。然而，这是确有其事呢，还是学者们在研究中所出现的一个天大的错误呢？英国四位考古学家和史前史专家曾著书立说，对"黑暗时代"这一论断提出了挑战。他们认为，黑暗时代是学者们人为地创造的，然后把它插入到古代地中海世界的编年中，使得公元前 12 世纪以前的历史和公元前 8 世纪以后的历史分割开来。无论怎么说，现用的编年的确带来了很多问题和奇怪的现象。

我们知道，公元前 8 世纪，古希腊人借用腓尼基字母而创造了希腊文。然而，他们借用的却是 300 年以前的腓尼基字母。另一桩怪事是，塞浦路斯人和巴比伦人的文字突然消失了 300 年，而后又忽然以原来的形式出现。这是怎么一回事呢？为什么公元前 12 世纪的塞浦路斯青铜器却经常同公元前 9 世纪的其他文明遗物出现在一起呢？公元前 10 世纪~9 世纪埃及法老的物品又怎么会总是在别处一二百年以后的环境中出现呢？还有，为什么以色列的铁器时代没有任何迹象表明《圣经》中记载的所罗门的"黄金时代"呢？

所有的这些问题都同黑暗时代有关。我们再来看一些怪事。传统说法认为，迈锡尼文明是从米诺斯文明派生的。这个说法是学者伊文思首先提出来的，而后得到学术界普遍接受。到了 1953 年，年青的建筑学家迈克·文特里斯成功地译读了迈锡尼时代的文字——线形文字 B。这个结果使学者们大吃一惊。线形文字 B 竟然是希腊文，同米诺斯文明的线形文字 A 没有多少关系，却同后来的希腊文一脉相承。这就把迈锡尼文明同希腊文明紧密联系起来。但根据传统的编年，它们之间却存在着一个不可逾越的沟壑，被 400 年左右的时间分开了。还有，我们认为，腓尼基人在西部地中海，在北非的里克索斯和乌提卡建立殖民地的时间是公元前 1100 年以前。然而，在这里发现的最早遗迹却是公元前 8 世纪后期的，或公元前 7 世纪早期的。文献材料和考古材料的差距达 400 年。在特洛伊，学者们仍无法确定究竟哪一层是属于特洛伊战争时期的城堡，到底是第六层还是第七层 a。这两层的遗迹都极其贫乏，远不像荷马史诗《伊利亚特》中所描绘的那样富丽堂皇，而早些的层次中却留下了壮观的城墙，不过那显然是公元前 13 世纪以前的，而且是为地震所毁。尽管考古学家们在这里挖地三尺，但他们仍无法找到一个层次来代表公元前 12 世纪~前 8 世纪的文化，第七层 b 通常同公元前 12 世纪的迈锡尼物品挂钩，而第八层里则有前 100 年左右的希腊物品。奇怪的是，第七层 b 和第八层又似乎是一脉相承的，是延续的。它们的发掘者卡尔·布雷根教授也认为其间没有断裂。还有赫梯帝国的编年，也有一个断裂。考古学家们在厄尔—阿马尔那和博戈科尔发现了两个泥板文库。在这些文献材料中保存有赫梯同埃及法老之间的外交信件。在厄尔—阿马尔那文库中有阿蒙霍特普三世，埃赫那吞和图坦卡蒙的信件，在博戈科尔，有图坦卡蒙的妻子写给赫梯国王苏比鲁留姆一世的信。信中说因为她的丈夫死了，所以她恳求同赫梯王子联姻。根据这些信件，可以确定赫梯帝国同埃及新王国的第十八和十九王朝同时，按照埃及史的编年，就是在公元前15～前13世纪。因此，赫梯帝国的衰亡应在公元前1200年～前1175年。但我们知道，赫梯帝国灭亡以后，在南部地区仍然存在着一些小的赫梯国家。不过，从这些国家同上述的关系来看，可以确定它们属于公元前10～前8世纪。这期间也有几百年的断裂。

那么，所有这些编年的最终根据是什么呢？回答是埃及历史的编年。早在16世纪，莱顿大学的约瑟夫·斯喀里格发现了一份托勒密时代的埃及史家曼涅托写的埃及编年史的概要，根据这个拜占庭时代的概要，学者们对埃及历史进行了编年。这个编年从此为学术界所公认。后来，考古学家威廉·弗林得斯·佩特利又用天文学的证据对它进行了修改。事情是这样的，根据埃及纸草文书的记载，埃及人的"完美年份"是在天狼星拂晓前从东方升起、正好同尼罗河的泛滥吻合的那年，这种情况每隔1460年才出现一次，称之为"天狼星周期"。恰好罗马一位名叫肯索里努斯的作者记载公元139年天狼星拂晓前升起的日期是那年的元旦。根据这个记载，学者们便可以推算出埃及的"完美年

份"具体是哪一年。由于这个天文学的证据，埃及的编年历来被认为是有科学根据的。而其他文明的编年就采用了这个最可靠的根据。利用埃及和它们的关系，一步步推算出各自的编年。然而正是由于这种方法引起了我们上面所述的种种问题，无法作出圆满的解答。上面提到的4位考古学家和史前史专家认为不应该用天文学的证据硬套埃及历史的编年，他们提议，第三中间期的历史如果缩短250年的话，那么一切问题都可迎刃而解了。

那么，问题到底出在哪儿呢？这还是一个谜，而这个谜一旦解开，整部世界古代史都将重写。

圣阿古斯廷文化是谁创造的？

圣阿古斯廷文化遗址位于今哥伦比亚境内马格达雷那河的源头，即分布在所谓的哥伦比亚群峰坡地上。从那里，一种独特的古代土著文化影响扩展到极其广阔的地区，但至今人们还不能确定其界限。据初步调查研究，所述的文化区范围大致包括了亚马逊盆地、考卡省和乌伊拉省一部分的多条河流的发源地。圣阿古斯廷文化的主要特点是：拥有数以百计的巨石雕刻，再加上巨大的建筑工程。这就提出了它同秘鲁和中部美洲的相互

关系问题，然而，由于缺少对陶器形式的系统研究，所以几乎不存在它的编年史。上述因素阻碍了对所提出的理论建立必要的、确凿无疑的历史基础。在这种情况下，至今人们还不知道是谁创造了圣阿古斯廷文化。

然而，由于学者们重视其刚起步的科学考察，现已发现这种内陆文化区已扩展到派斯河一带和考卡省西北部。在那里一个极其崎岖不平的山区，存在明显相似于圣阿古斯廷文化特点的文化。其最富有魅力的主要特点是地下墓穴，有时可通过旋梯进入，其墓墙饰有绘画。但是，现在还不能断定它同圣阿古斯廷文化的关系。

根据目前的研究成果，可以作出以下的判断：哥伦比亚的高级文化地区，并不只是存在奇布恰文化，也没有一个宏大的文化统一体。圣阿古斯廷文化应是各个地方文化中的一个小区域文化。实际上，各地方文化不可能建立相互关系，而是相对孤立演进的。换言之，在哥伦比亚并不存在一个统一的奇布恰文化区，相反，分布着一系列独特的小文化区。此外，由于哥伦比亚处于古代美洲四大土著文明潮流（中部美洲、加勒比、亚马逊和中部安第斯山区）的中心地带，所以易于接受外来文化的影响。在上述各种因素作用下，关于哥伦比亚各文化的历史来源及其创造者问题长期成为历史难题。

现在根据一些零星的材料，可大

致勾划出它们的历史文化轮廓。到公元 1500 年左右，包括圣阿古斯廷文化在内的哥伦比亚的一些较发达文化，是以具有阶级结构的酋长国为特征的一种文化类型。西班牙人曾把它们叫做"联盟"、"邦国"和"王国"，但这些名称都是不确切的。其主要的社会经济特点是：它们可能已有较发达的农业，不断增高的人口密度和深化的军事和宗教实践。在神权政治下，宗教是巩固社会团结的主要手段。从其分布情况看，酋长国并不限于高山地区，而是向下扩展到低地热带稀树草原的广大地区。其自然条件是，没有极大面积的热带森林地区，且在一些地区内耕地需要进行灌溉。在一些部落里，精耕细作的农业提供了经济生活的基础，所以打猎、捕鱼和采集的意义从没有像对热带森林的农民那么大。在一些地区，用修筑梯田的方法来扩大耕地。作物的多样化是其另一特征。它不仅提供了更丰富的食品，而且保持了日常饮食营养的均衡。

长期以来，作物的引种和试验已经培育出来一系列驯化了的植物：在低地上有玉米、甘薯、甜木薯和苦木薯、豆类、花生、凤梨和鳄梨等；在较高的地方则有昆诺阿藜、美人蕉、马铃薯和块根落葵等。培育出来的作物种类繁多，与驯养出来的家畜的种类稀少形成了鲜明的对照。在缺少大的哺乳类动物作为食物的情况下，豚鼠、麝香鸭、野犬等提供了肉食品。在沿河一带捕获的鱼类是一种很重要的蛋白质来源。各种各样的纤维作物，其中特别是棉花，为纺织技巧的发展提供了原料，但是其实践可能同中部安第斯山区有联系。此外，珍珠、黄金和各种绿宝石是各部落人民贸易经济中三种贵重产品。

以上的描述表明，包括圣阿古斯廷文化区在内的哥伦比亚部分地区物质和精神文明得到显著的发展。但是，究竟是哪个部落集团创造和发展了圣阿古斯廷文化呢？根据其主要的历史文化特点和所处的地理位置，关于其文化创造者问题，我们可以作出以下几种假设：

一是哥伦比亚的马格达雷那河上游地区土生土长的居民创造的文化。但是，从其文化特点看，它缺乏鲜明的广性和可靠的历史基础，因此，这一假设还有待进一步调查研究。

二是来自秘鲁的古代移居者创造的文化。对阿古斯廷文化主要是以巨石雕刻为特点，同时引种了许多中部安第斯山区的作物，这表明它与古代秘鲁文化有密切的关系，但是目前还需要大量的材料来充分论证这个问题。

三是来自中部美洲的古代移居者创造的文化。这一假设的可能性不大，因为圣阿古斯廷的物质和精神文化特点与中部美洲古代文化差异较大。

以上三种假设的任何一个论点都还没有达到无懈可击的程度，都需要进一步探究。

世界青铜文化的源头是不是泰国班清文化？

班清是泰国东北部呵叻高原上的一座小镇，多少年来一直鲜为人知，甚至连它的近邻也不知道它的存在。而现在，它的名字却为远在美国费城和法国巴黎的学者所熟知，并且还将作为一个赫赫有名的地名出现在未来的历史书籍中。

是什么使班清成为举世闻名的地方呢？原来这座小镇的红色土壤下面，人们发现了一片史前墓地，许多的稀世珍宝与遗骸埋在一起，有陶器、石器及精美的金属制品。令人吃惊的是，这些珍宝至少已埋藏了5000年之久。

过去人们认为，5000年前的东南亚人民还生活在原始的石器时代。而事实上，那时的班清居民已经相当进步了。他们居住在固定的居民区，种水稻及其他农作物，并且会制作漂亮的陶器。更重要的是，他们还发明了青铜器的冶炼及制作。经测定，这些青铜器的制作年代大约在5000年前，是世界上历史最远久的发明。历史学家们传统认为，青铜器最早起源于美索不达米亚肥沃的两河流域，冶金术是从西亚传播到世界各地的。现在，班清的发现使考古学家提出了新的见解，他们认为，青铜器发源地可能就在泰国。

班清的考古发掘始于 20 世纪 60 年代。1966 年，美国哈佛大学学生斯蒂芬·扬来班清进行社会调查。有一天，他经过一个筑路工地时，看到工人挖出了一些陶器碎片，这些碎片上有一些奇怪的图案。他好奇地捡了几个图案美丽的残破陶罐带了回去。1968 年，美国费城大学博物馆的考古研究中心将陶器碎片进行碳 14 测定。结果令人吃惊，班清的陶器是在公元前 4000 年左右制造的。

人们猜想，班清的地下也许是人类文明的摇篮之一。1974 年，泰国艺术厅和美国宾夕法尼亚大学博物馆开始了联合的考古发掘。当挖掘到 5 米时，发现了层次分明的 6 个文化层。最深的一层可追溯到公元前 3600 年，最浅的也可追溯到公元前 250 年。到 1975 年发掘结束时，共挖出陶器、石器和金属制品共 18 吨，包括青铜器和金银制品。发掘表明，这里的文明是以水稻耕种为基础的。在公元前 3000 年，班清人已经掌握了青铜的冶炼技术，至于他们是如何掌握这项重要技术的，至今仍是不解之谜。

班清的出土文物是丰富多彩的，有众多形状不一的陶器。在浅黄的底色上，绘着深红色的图案。这些图案看来是古代艺术家们随心所欲，一挥而就的。有些则是经过深思熟虑而精心绘制的几何图形，如同古希腊的骨灰罐上的图案。从制形上看，有些是颈部很细的高花瓶，这需要很高的制作技巧；有些是矮胖的大缸，上面却有着极为精致的图案，显得有些不太协调。此外，还出土了一些用象牙和骨头雕刻的人像，用玻璃和次等宝石制作的光彩夺目的珠串。

班清文化最引人注目的是青铜制品，并且在制作技术上有不断的创新。在早期的墓葬中，出土的青铜锛和青铜手镯的含锡量只有 1.3%，制作也较粗糙。严格地说只能算作红铜制品。公元前 1000 年左右是班清文化的繁荣期。在此时期，班清人制作了各种精致的青铜手镯、项链、戒指和长柄勺。在一把长柄勺的勺把上刻有各种栩栩如生的动物，难以相信这是几千年前的古人制作的。这时期青铜器的铜锡配比也较科学，说明此时的班清人已熟练地掌握了青铜的冶炼和制作技术了。除青铜器外，还出土了为数不多的铁器，有铁脚镯、铁手镯和双金属（铁包铜）的矛头、斧头等。晚期的青铜制品中，有用含锡量高达 20% 的青铜锻打成的颈圈。因为含铜量这样高很容易碎，所以制作时须锻打成多股再扭曲而成。

班清文化无疑是东南亚，而且是世界上最早的青铜文化。一些历史学家因此认为，班清的青铜文化是世界青铜文化的源泉。中东或中国的冶金术可能源于泰国高原。最初的中东青铜是红铜与砷的混合物，后来，在接近公元前 3000 年时，锡取代了砷，青铜就变成了铜与锡的合金。中东青铜中的锡是否就来自呵叻高原的群山之中呢？

现在大多数历史学家都认为，那种把所有重大发明都归于一个源泉的观点是片面的。就拿冶金术来说，它完全有可能是在世界各地独立演化出来的，也可能是同时产生的。

随着时间的推移，班清出土的宝藏会越积越多，有关它们的争论也将更深更广泛。但有一点是确定的，一个曾被认为是不可能存在的文明，确确实实是存在过的。

神奇的古印第安天文学知识源自何处？

15 世纪末以前，美洲的历史是独立发展的。远在西欧殖民主义者侵入美洲之前，印第安人就已创造出了十分灿烂的文明——堪与世界优秀文化媲美的玛雅文化、阿斯特克文化和印加文化，尤为突出的是他们惊人的天文成就。

印第安人对天文的知识可追溯到遥远的过去。美国《科学文摘》曾刊登了文森特·马姆斯牧罗姆的一篇文章，记叙了这样一个事实：大约在三千多年前的某一天，伊萨帕的一位祭司发现，在没有任何一种竖在地上的东西的情况下，地面上竟出现了投影。于是，这位细心的祭司记下了发生这一奇怪现象的日子，并且继续留心观察并计算天数。260 天以后，这种现象再次发生。从此，最初的历法产生了，在这种历法中，每年分为 13 个月，每月 20 天，全年 260 天。这就是所谓的宗教历法。至今在危地马拉的一些偏僻山区，土著居民仍然使用这种独特的历法。

居住在墨西哥和中美洲的玛雅人，继承了伊萨帕人发明的历法，结合自己长期对太阳和星辰的观测，发明了他们的历法。他们有四种不同的历法：第一种是玛雅历法（即宗教历法）；第二种为太阳历，每年 18 个月，每月 20 天，外加 5 天（"无名月"）作为"忌日"，共 365 天，这是他们日常生活的常用历法；第三种是每一金星年为 584 天的金星历；第四种是每年为 385 天零 8 小时的太阳历。玛雅人在没有沙漏和滴漏等原始计时工具，更没有现代天文望远镜和其他先进的光学仪器的情况下，借助于特殊的方法，即已较准确地预测出了日食和月食的时间，掌握了月亮、金星运行周期。他们计算出每一金星年为 584 天的结论，同现代科学家们计算的 583.92 天相比较，每地球年误差仅 72 分钟。

尤为令人惊叹不已的是，玛雅人把造型艺术与天文学知识浑然一体，巧妙地结合在一座座金字塔上。例如，墨西哥维拉克鲁斯地区的七层壁龛金字塔，其有 365 个方形壁龛，每龛代表一天。在尤卡坦半岛北部的库库尔坎金字塔，四面各有 91 级台阶，加上通往最高处圣堂的一级正好是 365 级，与全年天数相符。在石阶两旁朝北的两个边墙下端刻成巨型蛇头，每年春分和秋分，在夕阳的照射下，出现"蛇影奇观"。据墨西哥天文和考古工作者说，库库尔坎金字塔坐南朝北而偏西 17 度，春分和秋分是一年中仅有的昼夜均分的两天，太阳向正西方向落下，便形成了奇妙的蛇影。玛雅人把蛇影的出现看做是羽蛇神降临大地，春分出现时，带来雨水，开始耕地播种，而当秋分时，则雨季结束。就这样，玛雅人不仅把他们丰富的天文知识结合到建筑艺术中，而且还巧妙地将它同宗教信仰结合起来，并为农业生产服务。

稍晚时候崛起的阿斯特克文化又继承玛雅人丰富的天文遗产。如为纪念他们传说中的"第五个太阳"而建的，以"众神之城"而闻名的牧奥蒂华坎城，考古学家们对该城最高的建筑太阳金字塔进行考察后认为该金字塔象征着"通往新世界的天路之航标。"

居住在南美安第斯山区的印第安土著居民基多人，在很远古的年代，就经过观察，认定基多城北的卡史贝一带是太阳每年两次跨越南北半球的"太阳之路"，并且设立了标记。后来，经过法国和厄瓜多尔两国的科学家的测定，证明赤道的方位就在"太阳之路"的附近。

自誉为太阳子孙的印加人给许多星体和星座起了名字，并从观察天体中总结出自然界的规律。印加人有太阳年和太阴年的概念。他们的太阳年每年分为 12 个月，每月 30 天。每年另加 5 天；而他们的太阴年则为每年 354 天。

前印加时期的蒂亚瓦纳科文化，有一座以石造建筑而闻名的"太阳门"。整个建筑是用一块重达百吨的巨石雕成的，高 2.5 米，宽达 4.5 米，中央凿一门洞，门楣上有一些精美的、神秘的人形浮雕，有传说中安第斯世界造物主比拉科查像，以及其他各种图案花纹和符号等。据说每年 9 月 21 日黎明的第一道光总是准确地从太阳门中央射入。但这座太阳门却给我们留下了许多不解之谜，如当时的人们用什么方法雕刻这样巨大的石料，在没有轮制运输工具的条件下，它是怎样经过坎坷的山路运到广场并被竖立起来的，至今还得不到满意的解答。此外，门楣上的图案又代表着什么呢？有人认为那些符号可能是一种当时的历法，但它又是一种什么样的历法呢？

在纳斯卡地区，有一片长达 60 千米、宽约 2 千米的石碛平原，墨色石块砌成宽窄不一的线条纵横其间。

这些线条有的是三角形、方形、平行四边形、梯形，有的像螺纹、方格等各种形状，同时尚有 100 多个动植物图案穿插其间，且每隔一定距离重复出现。这就是被世人称为"世界第八奇迹"的纳斯卡地画。它们的用途是什么，至今仍是一个谜。有人推算其可能和天文观测有关，是至今世界上最大的历法图。1941 年第一个研究纳斯卡画的保罗·科索克博士说，他发现了"世界上最大的天文学书籍"。许多科学家认为。地画是古代印第安人描绘的一幅巨型天文历法图，地画中的动物图像可能是各种不同星群形状的复制图，而那些长短不一、形状各异的线条则代表星辰运行的轨迹。

总之，古代印第安人的天文学充满着无穷的奥秘。虽然有些人将他们的天文学成就与外星人的启示联系在一起，但他们神奇的天文学成就如何取得，至今仍是一个难解之谜。

菲斯托斯圆盘上印着什么？

著名的菲斯托斯圆盘上印着什么？数十年来，多少人欣赏过它、研究过它，被它上面妙不可言的形符牵动着心绪。时至今日，还没有人识破盘上图形和符号的意义，更不知道它的用途。唯其如此，它就更令人着迷。

1908 年，普尼在希腊克里特岛上第二大古代王宫——菲斯托斯王宫遗址进行考古发掘。当他清理王宫西北隅一个小室时，发现了这个圆盘，现藏克里特伊拉克林博物馆。这个圆盘其实是一块干硬的黄泥饼。它的直径约为 17 厘米，不过普通菜盘大小，不很厚，也不十分圆顺。别看这块泥饼貌不惊人，却印着"天书"，谁也不懂。这盘的资历又非常老。它栖身的地方，在克里特的中青铜时代后期或日克里特新王朝时期（约公元前 1700 年～前 1600 年），正是繁华之时。该盘的年龄也约当自此算起，它已历经 3600 年左右的岁月沧桑了。如此神秘的形符，如此久远的年代，怎么能不让人渴望了解有关它的一切呢？更令人惊奇的是，盘面上的形符是印上去的，印迹很清晰，大约是趁泥饼未干之时，用带有一定形符的金属印章向泥饼上印的。从盘两面的形符看是出自一人之手，一时所为。在全部形符印好之前，为保持泥饼的软度，可能要用湿布包覆着它。印文印好干后基本无更动，据此，许多人指出，这盘堪称最早的活字印制品，或者说是一种朦胧的印制意识的体现。

盘面上印着什么？是一些符号或图像。其中有人像：男人、妇女、孩童，他们或站立或奔跑，还有双手反在背后好似俘虏的人；还有人体的某一部分：乳、头、戴羽毛头饰的头，脸上有花纹的头。人的头顶都朝向盘心，脚冲着盘的边缘。除人像外，还有工具和器具：水准仪、角规、锤子、刀、斧、陶瓶、梳子。还有动植物，羊（头）、猫（头）、鸟、鱼、牛角、马腿、橄榄枝、无花果枝、花。此外还有船、波浪线、兽皮、拳击手套、手铐、狼牙棒、弓、箭、圆盾及少数看不出是什么的图形，总计45种241个形象和符号。这些形符被竖线分隔成节，每节形符多少不等，多者7个，少者2个，其中含3～5个形符的节较多。有些形符反复运用。圆盘两面分别有30和31个这样的形符节，形符节以螺旋形排列。

这盘的功用是什么？那些形符能告诉人们什么？

有人说，从这盘的造型和出土地点看，它可能与宗教祭祀活动有关。一个个的形符可能表示一个词或一个词组。有的形符音节曾多次出现，有时呈规律性间隔；一些单个形符也几度重见，似乎有某种韵律和节拍。如果真是这样，那么这盘上印的很可能是一首颂歌，是献给神的。一些好似重音的符号可能是为了便于歌手演唱或朗诵者吟咏而标出的。著名的考古学家伊文斯甚至设想这盘上印的是献给雅典娜的两首颂歌。

有人则认为盘上印的是象形文字，有船，有亚洲人用的弓、羽毛头饰和圆盾。很可能是与战争有关的一篇文献。

还有人认为，盘上印的是账万目或库存单。

谁是谁非，难以决断。

在圆盘发现之时，大家都以为那上面的形符或象形文字在克里特独一无二，可能是外来的。然而来自何方？有人提出，戴羽头饰的头像有规律地出现在许多词或词组的开头部分，从不见于中间或末尾，它很可能是一个限定词符号。又因曾入侵埃及的"海上民族"是戴羽毛头饰的，此盘当来自这些人的母邦。但是盘的属年（公元前17世纪）与"海上民族"活动的时期（公元前12世纪）又不一致，难圆此说。

伊文斯在吕西亚的一个青铜时代墓刻上发现3个房形符号与圆盘上形符类似，便提出圆盘可能来自小亚的西南某地，但又没有发现同样的或类似的盘。因为证据贫乏，假设便容易多，于是盘上文字属希腊语、闪米特语、巴斯克语、芬兰语等等说法争相问世，不一而足。

与此相反，还有人认为此盘并非舶来品，而是克里特岛所固有。因为在克里特中部阿卡罗荷里洞中发现的一把青铜双斧上亦有类似盘上的形符（这青铜斧定年为公元前1600年，现藏伊拉克林博物馆）。此外一些同时代的铭文也有与盘上形符相似者。螺旋形书写方式也见于线形文字A的文献中。克诺索斯出土的一个金戒指上的铭文及一只杯子上的铭文都是按螺旋形排列的。因而，盘上的文字是克里特土壤上米诺斯文字发展的一个阶段。圆盘上的形符与青铜斧上的不尽相同，可能斧文是象形文字与盘文的中间阶段。反对此说的人认为这是无稽之谈，指出此盘孑然一身。"前不见古人，后不见来者"，浑身上下尽是谜。

玛雅人举族迁移深山的探索

美洲大陆平地掘起的玛雅文明，令那些学识渊博的历史学家大感困惑。这种从天而降的文明，缺少渐进的迹象，却充满各种推测和假说，像一幕匆匆开场的灿烂的历史剧。

公元830年，科班城浩大的工程突然宣告停工。公元835年，帕伦克的金字塔神庙也停止了施工。公元889年，提卡尔正在建设的寺庙群工程中断了。公元909年，玛雅人最后一个城堡，也停下了已修建过半的石柱。这情形令我们联想到复活节岛采石场上突然停工的情景。

这时候，散居在四面八方的玛雅人，好像不约而同地接到某种指令，他们抛弃了世代为之奋斗追求、辛勤建筑起来的营垒和神庙，离开了肥沃的耕地，向荒芜的深山迁移。

现在我们所能看到的玛雅人的那些具有高度文明的历史文化遗址，就是在公元8～9世纪，玛雅人自己抛弃的故居。如今的游客徜徉在这精美的石雕和雄伟的构架面前，无不赞叹、惋惜，而专家学者们却陷入深深的困惑之中。

玛雅人抛弃自己用双手建造起来的繁荣城市，却要转向荒凉的深山老林，这种背弃文明，回归蒙昧的做法，是出于自愿，还是另有其他原因？

史学界对此有着各种解释与猜测。譬如说，外族侵犯、气候骤变、地震破坏、瘟疫流行，都可能造成大规模的集体迁移。然而，这些假设和猜测都不具备说服力。首先，在当时的情况下，南美大陆还不存在一个可以与玛雅对抗的强大民族，因此，外族侵犯之说就站不住脚。气象专家几经努力，仍然拿不出公元8～9世纪，南美大陆有过灾难性气候骤变的证据，同样，玛雅人那些雄伟的石构建筑，有些已倒塌，但仍有不少历经千年风雨仍然保存完整，因此地震灾难之说可以排除。

至于瘟疫流行问题，看来很有可能。然而，在玛雅人盘踞的上万平方千米的版图内，要大规模地流行一场瘟疫，这种可能性是很小的。再说玛雅人的整体迁移，先后共历时百年之久，一场突发性的大瘟疫，绝无耗时如此长久的可能性。

有的人从部分祭司雕像被击毁，统治者宝座被推倒的现象，做出阶级斗争的推测。阶级斗争的确在玛雅社会中存在并出现过，但这种情况是局部的，只在个别地方和城市发生过，而玛雅人的集体北迁却是全局性的

有人试图从生态角度解开玛雅人大迁移的谜。譬如，认为玛雅人采取

了某种不恰当的耕种办法，破坏了森林，土地丧失了肥力等，造成生存的困境被迫大迁移。可是不少学者在考察中发现，玛雅人在农业生产上却表现出颇为先进的迹象，他们很早就采取轮耕制，出现了早期的集约化生产，这样既保证了土地肥力不致丧失，又提高了生产效率。因而，试图从这个角度解开谜题的尝试也是行不通的。

还有一些专家的思路更新奇，他们认为要寻找玛雅人搬向深山的原因，可以先反过来看看他们怎样选择自己定居的故土。我们已知的这些玛雅人最古老的城市，都不是建设在河流旁。埃及和印度的古代文明，首先发祥于尼罗河与恒河流域，中国古代文明的摇篮则是黄河和长江流域。河流不仅给这些早期的都市带来灌溉和饮水方面的便利，同时又是人员与商品交往最初的通道。从各民族的早期历史来看，他们的文明都离不开河流。

玛雅人却偏偏把他们那些异常繁荣的城市，建筑于热带丛林之中，这是颇有意思的。

以提扎尔为例。从这个玛雅人的城市到洪都拉斯海湾的直线距离为109英里，距坎佩坎海湾仅161英里，到太平洋的直线距离也才236英里。玛雅人对海洋是十分了解的，在他们的城堡废墟和文化遗址上，大量的珊瑚、贝类动物制品，可以证明这一点。那么，他们最初的城市为什么不修建在河流边，或者海滩旁，而要选择与世隔绝的丛林莽障之中？其后的大迁移，不向河流沿岸和海边转移，偏偏要移至更为荒凉的深山之中，这的确令人费解。

提扎尔就是一个位于深山中的城市。为解决这个人口众多的城市的饮水与灌溉农作物的需要，他们被迫在城周修建了13个水库。这些水库的总容量为214500立方米，在古代修建这样的工程，其艰苦是可以想象的。但让人难以想象的是，这些聪明绝顶的玛雅人为何必须在这种条件艰苦的地方安邦筑城，而不去寻找一处较为方便，更符合生活逻辑的地方？

这些后来匆匆停下进行过半的工程，仓促地收拾行装，扶老携幼，举族迁移的玛雅人，他们历经长途跋涉之苦，最终只得绝望地在北方建立一个新王国。他们再次按照历法预先规定的日期，重新开始修建他们的城市、神殿和金字塔，而绝不重返故土。

这真是一个大哑谜，全世界科学家都拿不出有说服力的解释。

神奇的玛雅文明是以一夜之间在南美大陆广修金字塔为开端的。这就好比一场戏，没有过门和序曲，一拉开幕玛雅人就登场上演了一出壮观的历史剧。他们未给历史留下任何解释的大迁移，就好像匆匆落下的帷幕，使这场波澜壮阔的历史剧到此戛然而止。热带林莽的野藤和苔藓，悄悄掩盖了玛雅人的足迹，只有那残塌的废墟向游人眨着疑问的眼睛……